hänssler

SIEGFRIED KETTLING

... und ihr sollt auch leben!

Mit Christus in die Weite

Mit freundlicher Genehmigung der RADIUS-Verlag GmbH Stuttgart
wurden entnommen
»geburt« und »ich sterbe nicht«
aus: Kurt Marti, *geduld und revolte* die gedichte am rand (Band 3 der von Ingeborg Drewitz herausgegebenen »Reihe: Dichtung im ausgehenden Zwanzigsten Jahrhundert«)

»Der Landsknecht verfluchte sein Pech« aus: Bo Giertz, »Mit eigenen Augen« R. BROCKHAUS VERLAG WUPPERTAL UND ZÜRICH

Die Deutsche Bibliothek – CIP-Einheitsaufnahme
Kettling, Siegfried:
... und ihr sollt auch leben! : Mit Christus in die Weite /
Siegfried Kettling. – 5. überarb. und erw. Auflage – Neuhausen-Stuttgart : Hänssler, 1994
([TELOS-Bücher] ; Nr. 663 : TELOS-Taschenbuch)
Frühere Aufl. u. d. T.: Kettling, Siegfried: Und der sagte ja
ISBN 3-7751-1600-1
NE: TELOS-Bücher

5. Auflage 1994
TELOS-Taschenbuch Nr. 633
Bestell-Nr. 70.633

Das vorliegende Buch ist die überarbeitete und erweiterte Neuauflage von »... und der sagte ja« (erschienen 1979 im Hänssler-Verlag).
Umschlaggestaltung: Schnorr v. Carolsfeld
Printed in Germany

Inhalt

Vorwort

»Thema mit Variationen« heißt eine beliebte Gattung in der Musik: Helle, strahlende Durklänge wechseln da mit dunklem Moll. Beschwingt tönt es an unser Ohr oder bedächtig, jetzt erregend und wachrüttelnd, dann besänftigend, gut zuredend. Aber immer klingt die eine Melodie durch, das eine Thema. So ist auch dies Büchlein (die umgestaltete und erweiterte Neuauflage von »und der sagte ja«) »komponiert«. Ob es um Verkündigung geht oder um theologisches Nachdenken, um Deutung eines Gedichts oder begriffliche Auseinandersetzung, – immer soll das durchklingen, was bei Jesus kein »frommer Wunsch« ist, sondern seine österliche Regierungserklärung:

»Ich lebe, und ihr sollt auch leben!«

Unterweissach,
Im Advent 1990 — Siegfried Kettling

Leben Sie schon?

Geburt

ich wurde nicht gefragt
bei meiner zeugung
und die mich zeugten
wurden auch nicht gefragt
bei ihrer zeugung
niemand wurde gefragt
außer dem Einen

und der sagte

ja

ich wurde nicht gefragt
bei meiner geburt
und die mich gebar
wurde auch nicht gefragt
bei ihrer geburt
niemand wurde gefragt
außer dem Einen

und der sagte
ja

Kurt Marti

»... niemand wurde gefragt«

Dichtung macht dicht, kondensiert, preßt den Extrakt heraus: »Ich wurde nicht gefragt... niemand wurde gefragt.« Das ist die menschliche Grundsituation, die menschliche Urerfahrung – in einen Satz geballt. Ich wurde nicht gefragt, ob ich überhaupt leben wollte, erst recht nicht gefragt, ob als Junge oder Mädchen. Meine Eltern, meine soziale Herkunft habe ich mir nicht ausgesucht. Meine Hautfarbe konnte ich nicht wählen. Weder bin ich Europäer aus Entscheidung noch Mensch des 20. Jahrhunderts. Ich wurde nicht gefragt.

Von draußen geht's nach drinnen: Fähigkeiten oder Schwächen, gesunde Konstitution oder stets angegriffene Gesundheit, gewinnende Frohnatur oder dunkler Hang zur Schwermut – all dieses prägt unser Ich bis ins Tiefste, aber wir wurden nicht gefragt. Es wurde uns zudiktiert. Heidegger spricht vom »Geworfen-Sein«, Goethe vom »Gesetz, wonach du angetreten«. »Gesetz« ist das uns Gesetzte, vor uns wie eine Mauer Hingestellte, das Unausweichliche, Unübersteigbare.

Schon die *Geburt* richtet also eine Mauer auf. »So mußt du sein, du kannst dir nicht entfliehen« (Goethe). Das *Schicksal* fügt eine zweite hinzu: jenes jähe Hereinbrechen des Unvorhergesehenen und Unabwendbaren, jene Katastrophen, die alle meine Sicherheitsnetze durchschlagen, der Herzinfarkt, der Verkehrsunfall... Die dritte Mauer fügt sich bruchlos an: die *Schuld.* Tief verwoben sind hier Zwang und Entscheidung, Freiheit und Geschick. »Das Gute, das ich tun will, tue ich nicht; sondern das Böse, das ich nicht tun will, das tue ich« (Röm 7,19). Die vierte Mauer heißt *Tod*. Sie verriegelt den Platz endgültig, macht ihn zum Gefängnis. Der Tod fragt niemand; der Tod ist schlechthin autoritär.

Wir wurden nicht gefragt. Nachträglich mögen wir protestieren, mit dem Kopf gegen die Wände anrennen und gellend »Nein« schreien. Oder uns resigniert beugen und das »Nein« nur noch flüstern. Oder auch das Gefängnis mit den Blumen der Illusion schmücken und für ein Paradies erklären. Die Grunderfahrung bleibt bestehen: »Niemand wurde gefragt.«

»– außer dem Einen«

»Der Eine« – mit dem bestimmten Artikel davor! »Der Eine«, den man großschreiben muß, wo ringsum alles kleingeschrieben wird! Der Einzigartige! Das ist von vornherein sicher: Diese Ausnahme, die die Regel zerbricht, kann ich nicht unter meinesgleichen suchen. Der Gefragte stammt nicht von uns Ungefragten. Er gehört auf die andere Seite, auf die Seite der Freiheit; er gehört zu – Gott.

Und nun müssen wir sehr menschlich reden: Da steht der Eine neben Gott, und Gott zeigt ihm sein künftiges Geschick, zeigt es ihm, ohne zu schonen. Gott macht den Einen zu einem Wissenden, zu einem, der durchschaut, und dann erst stellt er die Fragen:

»Siehst du den Mann, der unbehaust und angefeindet durchs Land zieht, ohne Nest, ohne Bau, ärmer als ein Tier? Siehst du in ihm alles Ausgestoßensein, alles Flüchtlingselend? Sieh diesen Paria, diesen Outcast. Das ist dein Leben! Willst du es?« –

»Siehst du den Mann, angepflockt, blutüberströmt? Lederriemen zerfetzen seine Haut. Siehst du an ihm alle

Qual der Folterkammern und KZs, alle tobende Brutalität? Sieh diesen Geschundenen. Das ist dein Leben! Willst du es?« –

»Siehst du den Mann am Galgen, hörst du seinen Todesschrei? Nacht ist um ihn, und Nacht ist in ihm, Gottesfinsternis. Siehst du bei ihm aufgehäuft alle Schuld aller Zeiten, alle Gottesferne und allen Gotteszorn? Sieh den von Gott und Menschen Verfluchten! Das ist dein Leben. Willst du es? Du bist gefragt. Du, der Eine.«

»... und der sagte ja«

Da halten Himmel und Erde den Atem an. Der Eine ist gefragt worden. Nun muß die Entscheidung fallen, die alles entscheidet. (Kurt Marti hat in sein Gedicht die Pause hineinkomponiert, der breite Zeilenabstand zeigt sie an.) Da fällt in das Schweigen das weltverwandelnde Wort: Ja.

Dieses Ja heißt *Weihnachten*: »Von einem Weibe geboren und unter das Gesetz getan« (Gal 4,4). Darin ist letzte Solidarität mit uns. Der Gefragte kommt zu den Ungefragten, der Großgeschriebene zu uns Kleinen. Er wird Kamerad, atmet die Luft unseres Gefängnisses.

Dieses Ja heißt *Karfreitag*: »Er ward ein Fluch für uns« (Gal 3,13). Da nimmt der Eine, der ja zu uns sagt, Gottes richtendes Nein stellvertretend auf sich, läßt sich von diesem Nein zerschlagen für uns.

Dieses Ja heißt *Ostern*. Da ruft Gott sein schöpferisches Ja diesem Einen zu, reißt ihn aus dem Tode und sprengt damit das Gefängnis, reißt die Wände nieder, von denen bisher unser Nein widerhallte.

Dieses Ja verwandelt das Gesetz der Geburt. Ich lerne das Ja nachsprechen – zunächst zu mir selbst: Ich kann mich annehmen, ohne neidisch nach dem anderen zu blicken. Ich bin »geschaffen«, nicht »geworden«, ein unverwechselbarer, originaler Gedanke Gottes. – Dann aber gilt das Ja auch dem anderen: Feinde werden Brüder. Es gilt auch der Welt ringsum: Ich darf sie ernst nehmen, sie froh nehmen.

Dieses Ja verwandelt das *Gesetz des Schicksals.* Durch alle schrillen Dissonanzen hindurch klingt nun der gute Grundton. Durch alles verzweifelte und resignierte Nein in mir und ringsum tönt Gottes tiefes, heimliches Ja: »Denen, die Gott lieben, müssen alle Dinge zum Besten dienen« (Röm 8,28).

Dieses Ja verwandelt auch das *Gesetz der Schuld und des Todes.* Vergebung verschließt das quälende Gestern und öffnet das Morgen, öffnet es für immer. Einer wurde gefragt, und der sagte ja zu uns – Jesus Christus.

Die begnadigte Gemeinde
sagt zu Christi Wegen: Ja!
Ja, wir danken deinen Schmerzen;
ja, wir preisen deine Treu;
ja, wir dienen dir von Herzen;
ja, du machst einst alles neu.

Friedrich von Bodelschwingh

Der Mensch lebt nicht vom Brot allein

»Wovon lebt der Mensch?«

Diese Frage klingt verschieden, je nachdem, ob eine Diätberaterin damit ihre ernährungswissenschaftlichen Empfehlungen einleitet oder ein Todeskandidat in der Krebsstation sie seinen Mitpatienten vorlegt. Eben das tat Jefrem, der unheilbare Fall, in Solschenizyns Roman »Krebsstation«. Nie hatte der kerngesunde, bärenstarke Kerl sich mit solchem »Tiefsinn« herumgeschlagen, er hatte über Ärzte und Medizin gelacht, das Leben in die eigenen Fäuste genommen – bis die heimtückische Krankheit seine Zunge befiel, dann den Hals und sich nun unaufhaltsam in den Kopf hineinbohrte. Jetzt steht die Frage im Raum. Er braucht Antwort, die Hilfe der anderen; das Gespräch. – Aber es kommt nicht zustande. Die Antworten greifen nicht, erreichen nicht die Frage, noch weniger den Menschen: »Vor allem von der Luft, dann vom Wasser, dann vom Essen«, doziert einer. Früher hätte Jefrem genauso geantwortet, vielleicht mit dem Zusatz: Vom Alkohol! – »Vom Arbeitslohn!«, ruft der Pfleger dazwischen. »Von der Qualifikation«, heißt es aus einer Ecke. »Von der Heimat«, sagt ein Sterbender, »da ist alles leichter.« Schließlich äußert sich Rusanow, ein verdienter Parteifunktionär, der seine Einquartierung in diese Station als Skandal empfindet. Seine Antwort kommt wie vorprogrammiert: »Darüber kann doch kein Zweifel bestehen... von der Ideologie und den gesellschaftlichen Interessen...«

Wer als Christ dieses Kapitel liest, dem schießt es durch den Kopf: Weiß denn keiner die richtige Antwort? Nur banales Geschwätz und ideologische Phrasen? Wie gut, daß wir es besser wissen! »Der Mensch lebt nicht vom Brot allein«, sagt Jesus, »sondern von einem jeden Wort, das aus dem Mund Gottes geht« (Mt 4,4; 5.Mose 8,3). Also: vom Gespräch mit Gott lebt der Mensch. – Ja, wir Christen wissen es besser. – Aber reicht dies »Besserwissen«, tut's die richtige Antwort? Meldet sich da nicht sofort der Ideologieverdacht? Ist das auch nur eine vorgestanzte Vokabel, heruntergeplappert, weil »indoktriniert?« – Leben wir davon? Bewährt sich das – auch auf der Krebsstation? Wir fragen: Wo liegt die Begründung? Und: Wie gestaltet sich von daher das Leben?

...»Es ist nicht gut, daß der Mensch allein sei...«

»Pflegen Sie Ihr Kind optimal, baden Sie es täglich in Kleie, wickeln Sie es in keimfreie Windeln, füttern Sie es mit feinster Babykost, sparen Sie nicht an Creme und Vitaminen; aber zeigen Sie ihm nicht Ihr Gesicht, versagen Sie ihm die Liebkosung Ihrer Hände, lassen Sie es nicht Ihre Stimme hören, nicht Ihre Augen sehen – dann werden Sie es garantiert vernichten!«

Es hat sich herumgesprochen, ist experimentell erhärtet: Ein Mensch lebt von der Zuwendung des anderen, nicht nur seelisch-geistig, auch biologisch-vital. Mensch ist nur, wem der andere das DU schenkt und ihn so zum ICH erweckt, und wer dem anderen das DU zurückgeben kann und so sein ICH entbindet. Wer das nicht erfährt, wird zurückgestoßen ins ES, hineingebannt ins

Dinghaft-Sächliche – und erstickt darin. So (Martin Buber hat es eindrücklich beschrieben) wird der Mensch »Person«, lebt vom Dialog zwischen ICH und DU. Das Gespräch ist ein Lebenselement. Dies ist das Geheimnis, das Wunder der Sprache: Sie baut die Brücke zum anderen. Wir betreten die Brücke – du und ich, wir transportieren nicht nur etwas auf ihr, sind nicht nur Informationsträger, wir bringen uns selbst, teilen von uns mit, verlassen uns, vertrauen uns an. Dieses Herüber und Hinüber auf der Brücke der Sprache heißt Leben. Sprache ist dabei weit zu fassen: nicht nur die Stimmbänder sind beteiligt, nicht nur Vokale und Konsonanten fügen sich zusammen. Alles nimmt die Sprache in Dienst – das Winken der Hand, das Zwinkern der Augen, Lachen und Weinen; beredt kann auch das Schweigen sein. Unser ganzer Leib ist Instrument der Sprache, wohlklingendes oder verstimmtes; auch was er gestaltet und gibt, beginnt zu reden: das Bild, der Blumenstrauß.

»Und Gott setzte den Menschen in den Garten und sprach zu ihm...«

Menschliche Existenz ist »worthaft«. Warum ist das so? Anthropologische Beobachtungen, Erhebungen aus Psychologie oder Verhaltensforschung umschreiben das Geheimnis nur von außen, schließen sein Herz nicht auf. Der Schlüssel liegt hier: Gottes Geschöpf ist der Mensch, und das heißt: »Nicht der Mensch hat das Wort gemacht, sondern umgekehrt, das Wort hat den Menschen ins Leben gerufen« (Helmuth Schreiner). Die Tiefe der Sprache gründet in dem »Und Gott sprach«, in dem »Lasset uns

Menschen schaffen, ein Gegenüber, das uns entspricht.« Gott will mich als sein Du. Im Geheimnis der Sprache meldet sich das Geheimnis Gottesebenbildlichkeit. Zugleich wird dabei das Ziel unseres Sprechens, ja unseres ganzen Daseins durchsichtig: »...daß du Gottes Namen ohne Unterlaß segnest, lobst und ehrst. Denn wozu anders ist die Zunge, Stimme, Sprache und der Mund geschaffen?« (Luther). Mensch-sein ist demnach Sprache-sein mit dem Ziel des Gotteslobs. Unser Gespräch miteinander – das zwischenmenschliche – ist dann im Grunde ein Dreiecksgespräch, geschieht über den Dritten, den Ersten. Nur »via Gott«, der mein Schöpfer ist und der des anderen, dem wir beide offenstehen, geschieht menschliche Kommunikation. »Kommunikation« müßte man übersetzen: Zwei haben Anteil an einem Dritten und so aneinander. Dann reicht das alltägliche Gespräch in den Raum des Betens hinein (schon das süddeutsche »Grüß' di Gott!« weist darauf hin).

»Da sprach die Schlange zum Weibe...«

Genau hier steht neben dem Wunder der Sprache ihre Verderbnis, ihre Perversion, die sie zur mörderischen Waffe macht. Streiche ich das »via Gott«, dann bricht die Klammer: Ich und Du fallen auseinander. »Entfremdete« stehen sich gegenüber, Konkurrenten. An die Stelle der Grundvokabel der »heiligen Sprache«, an den Platz des DU, tritt das stolze, sich selbst behauptende, herrische ICH. Da entartet Sprache zur Lüge, wird Heuchelei, Flucht vor helfendem Tun in verbale Vertröstung, ätzende Polemik, vergiftende Ironie, verletzende

Propaganda, leeres Geschwätz. Die freundliche Geste wird Fassade, im Lächeln versteckt sich Aggression, das Schweigen ist Rückzug ins vermauerte Ich.

Wir spüren den tödlichen Riß: Ist Leben Gespräch, bedeutet Verstummen den Tod. Mit Eifer werden Reparaturarbeiten an der Brücke in Angriff genommen (z.B. gruppendynamische). Verräterische Beteuerungen und Beschwörungen laufen um: das »echte« Gespräch, der »ehrliche« Dialog, die »ernsthafte« Bereitschaft zum Hören... Diese Adjektive signalisieren die Krise, so wie der Eid nur in einer Welt voller Lüge gebraucht wird.

Unsere menschliche Sprache steht im Zwielicht: der Abglanz des göttlichen Schöpferwortes, des »Urworts« liegt darauf und das irrlichternde Gleißen der Sünde, die Dämonie des Falls. Und wer will das eine vom anderen scheiden – beim anderen und in sich selbst?

»Und alsbald ward er von seinem Aussatz rein und Jesus sprach zu ihm...«

Die Bibel verkündet gute Nachricht, Wende der Situation: Gott selbst nimmt in souveränem Entschluß, in freier, nicht hinterfragbarer, von uns her nicht begründbarer Liebe das abgebrochene Gespräch wieder auf. Er übergreift den Graben unseres feindlichen Schweigens, unseres brüllenden Lästerns, unseres stummen Desinteresses. Er tut das nicht nur verbal, sondern so handelt er! »Das Wort ward Fleisch« (Joh 1,14). Gott bricht das Schweigen tathaft, personhaft, leibhaft. Das ist Gottes Sprache: Er gibt sich, wirft sich selbst als Brücke über den Riß. Jesus Christus heißt dieses Wort. Dieses Tatwort, dieses Person-wort Gottes setzt sich unserem mörderischen Nein aus, läßt sich niederstimmen, totschreien – und wird doch wieder laut aus dem Grabe heraus: »Ich bin das Leben« (Joh 11,25).

Und nun – seit Ostern und Pfingsten – übersetzt dieses eine Wort sich stets neu hinein in die Wörter und Fragen unserer Zeit und meines Lebens. Die Bibel ist das Instrument dazu, es klingt auf im Gespräch über einen Text, im Rat eines Mitchristen, in der Predigt am Sonntag. Schuldspruch und Freispruch ist dieses Wort, weckt aus dem Tode, weist neu ins Leben ein.

Antwort sucht das Wort, möchte sie herauslocken, will nicht Monolog bleiben, bittet ums Gespräch. »Fürchte dich nicht, du bist mein« (Jes 43,1), sagt es und möchte uns damit herausziehen aus der Todesstarre der Sprachlosigkeit. So wie der Skeptiker Thomas, der dann rief: »DU. Mein Herr und mein Gott!« (Joh 20,28).

Wie kann dies neue »Zur Sprache-kommen« bei uns aussehen? Ich nenne als Beispiel ein Psalmwort, das mir selbst in der Auslegung eines Bruders einmal sehr geholfen hat, lebendiges Wort wurde, »Lebensbrot«. Psalm 27,8: »Mein Herz hält dir vor dein Wort: Ihr sollt mein Antlitz suchen! Darum suche ich auch, Herr, dein Antlitz.« Da ist einer am Ende mit sich selbst und seinem Glauben. Vielleicht hat er sich ernsthaft vorgenommen, vielleicht auch Gott versprochen: »Das geschieht bei mir nicht mehr. Hier fange ich neu an!« Aber aus der Umkehr wurde – zum wievielten Male schon? – der Rückfall. Sprachlos steht er nun vor seinem Versagen. Ihn packt der Ekel vor sich selbst, wie eine Woge geht die Scham über ihn hin. Verstecken will er sich – vor sich selbst, vor Gott. Gott anzuschauen, ihn wieder anzusprechen, das ist unmöglich. Das wäre unanständig, ehrlos, skandalös... Da bricht Gott das Schweigen. Ein unmißverständlicher Befehl: »Du sollst mein Gesicht suchen. Jetzt! Gerade jetzt! Bleib nicht bei deinen Scherben sitzen. Meditiere sie nicht, füg dir nicht noch weitere Wunden zu. Du sollst kommen, ich bin dein Arzt.« Wie solch ein »autoritärer« Befehl befreien kann; reinstes Evangelium ist er!

So wage ich es denn: »Herr, ich habe kein Recht, und ich schäme mich entsetzlich. Aber nun nehme ich dein Wort wie einen Schild. Du hast befohlen, hast mir das Hocken in meinen Trümmern nicht erlaubt. Auf deine Verantwortung...« Wie einen Schild halte ich Gott dieses Wort vor, und es deckt mich. So fliehe ich vor Gott – zu Gott!

Wer so kommt, findet den Vater, der schon lange wartend ausschaut. Der findet sich selbst neu – als Gottes Kind. Der entdeckt den anderen wieder – als Bruder und Schwester.

So kommt von Gott her das verdorbene Gespräch grundsätzlich und je neu wieder in Gang – das vertikale wie das horizontale; ein Ende aber ist nicht vorgesehen. Luther sagt: »Wo also und mit wem Gott redet, es sei in Zorn oder in Gnaden, der ist gewiß unsterblich. Die Person Gottes und das Wort zeigen an, daß wir solche Kreaturen sind, mit denen Gott bis in Ewigkeit... reden will.«

Leben Sie schon, oder sind Sie noch tot?

Mit Blaulicht und Krankenwagen zur Kinderklinik. Dort ist im OP schon alles vorbereitet. Höchste Eile ist geboten, um das Leben eines Neugeborenen zu retten. Der Rhesus-Faktor im Blut von Vater und Mutter waren unterschiedlich. Nun ist die gefährliche Unverträglichkeitsreaktion eingetreten: Im Körper des Babys ballen sich die Blutkörperchen zusammen, die tödliche Gelbsucht zeigt sich. Da hilft nur eins: Das zerstörte Blut wird völlig abgepumpt, gesundes Blut aus der Konserve infundiert.

Völliger Blutaustausch – das ist in der Tat eine Radikalkur! Doch unvergleichlich radikaler ist der Satz, den Jesus beim nächtlichen Zwiegespräch dem Nikodemus zumutet: »Es sei denn, daß jemand von neuem geboren werde...« (Joh 3,3). Neue Geburt, das ist mehr als ein paar Liter neues Blut, das zielt auf einen völlig neuen Lebensursprung, ein ganz neues Wesen. Neue Geburt ist *Austausch der ganzen Existenz*.

Im griechischen Grundtext steht wörtlich »*anothen* = geboren werden«. Diese Vokabel hat einen seltsamen Doppelklang: Man kann übersetzen: »noch einmal (ein zweites Mal) geboren werden«. So versteht es Nikodemus und schüttelt fassungslos sein Gelehrtenhaupt: Wie sollt' ich Greis noch einmal als Embryo in den Mutterschoß zurückkehren können. Verlockend ist die Melodie schon: »Man müßte noch mal zwanzig sein!« Doch das ist unmöglich, unsinnig, absurd. – Die Vokabel »anothen« kann aber auch bedeuten: »von oben her – aus einer ganz anderen Wirklichkeit heraus – geboren werden.« So meint es Jesus zweifellos (vgl. Joh 3,3; 8,23; 19,11). Geburt aus Gott, Geburt senkrecht von oben – weniger ist nichts! »Was vom Fleisch (= von unten) geboren, das ist Fleisch; und was vom Geist geboren, das ist Geist« (Joh 3,6). Ist das nicht erst recht ein absurdes Wort? Wenn uns schon ein Rückspulen der Zeit, eine Rückkehr zu unserem biologischen Ursprung unmöglich ist, dann liegt doch eine Geburt aus Gottes Welt erst recht jenseits unserer Reichweite.

Ja, Jesu Wort ist schonungslos scharf: Es zersetzt alle Versuche, den neuen Menschen »von unten her« aus Menschenweisheit und Menschenwitz zu produzieren. Es ist nichts mit der roten Fahne des Revolutionärs, nichts mit dem weißen Kittel des Genetikers, nichts mit der Couch des Psychiaters, nichts mit der transzendentalen Meditation und dem Mantramurmeln, nichts mit gruppendynamischen Mühen und Selbstfindung, nichts mit pädagogischer Arbeit an der Bewußtseinsveränderung. Man mag einen Esel streicheln oder prügeln – nie wird er Goldstücke ausspucken. Was vom Fleisch geboren ist, ist und bleibt Fleisch. Doch zugleich ist Jesu Wort voll von grenzenlosem Erbarmen. Das uns völlig Undenkbare – Er will es tun. Den neuen Ursprung, Leben von Gottes Leben – Er will es in uns schaffen. Eben dazu wurde doch das Wort »Fleisch« (Joh 1,14). Nun soll das »Fleisch« an Gottes Art Anteil bekommen. *Kinder Gottes* sollen wir werden. »Was vom Geist geboren ist, das ist Geist.« Wir merken: Wenn wir das uns so geläufige Wort »Wieder-geburt« nachbuchstabieren, dann gilt es aufzupassen. Das »Wieder« hat rein gar nichts zu tun mit einer Neuauflage des Alten, mit einem Neudruck, der nur Nachdruck wäre. Es geht nicht um ein »Noch einmal«, es geht um das »Ganz neu!« Von »Wiederholung« kann nur so gesprochen werden, daß Gott uns »wieder holt«, heimholt, den Kernfaulen, den wurzelhaft Verdorbenen einen neuen Ursprung schenkt. Aus Gottes Kraft!

Mein Leben auf der Erde

Von einer neuen *Geburt* ist die Rede. Das ist ein unübertrefflich prägnantes Gleichnis. Wir heben zwei Vergleichspunkte heraus: 1. Als ich am 7.8.1937 zur Welt kam, da *wurde* ich geboren. Also: Ich habe mein Leben nicht geplant, nicht kühn beschlossen, die Menschheit um ein weiteres Exemplar zu vermehren. Ich bin kein selfmade-man. Meine Geburt ist nicht meine stolze Leistung, sondern reines Geschenk. Das Grundlegende und Entscheidende an meinem Leben – eben das Leben selbst – habe ich empfangen. Zum Geborenwerden gehört das Passiv! 2. Jede Geburt hat eine reich gegliederte *Vor- und Nachgeschichte.* Ganz am Anfang steht (normalerweise) die Liebe der Eltern zueinander und ihr Wille zum Kind, das bewußte Ja zu einem neuen Leben. – Dieser Wille zum Kind bleibt nicht Wunschtraum. Er wird konkret in Zeugung und Empfängnis, gewinnt Gestalt in der Verschmelzung von Samen und Eizelle. – Dann folgt die lange Periode der Schwangerschaft. An deren Abschluß erst steht der Akt der Geburt. Rückblickend gerate ich ins Staunen, komme mit meinem Nachsinnen nicht zu Ende, wenn ich über Eltern und Großeltern hinaus die Kette der Vorfahren bedenke, deren Anfang sich im Dunkel verliert... Die Frage: »Warum bin ich«? führt letztlich (der schwäbische Philosoph Schelling hat es formuliert) zu der Frage: »Warum ist überhaupt etwas, warum ist nicht nichts?« Wunder der Vorgeschichte einer jeden Geburt!

Mit dem Akt der Geburt geht die Vorgeschichte in die nicht weniger reiche *Nachgeschichte* über: Die Geburt gleicht ja nicht einem Punkt, sondern einem Doppelpunkt. Wie traurig, wenn ein Kind zwar den Mutterschoß verläßt, aber nicht zu atmen beginnt, wie schmerzlich solch eine Totgeburt! Welche Freude, wenn das Baby mit dem ersten Schrei erstmalig die eigenen Lungen betätigt und so (wenn auch noch unbewußt) das eigene Leben ergreift. Passiv und Aktiv berühren sich hier! – Jetzt geht es ums Wachsen. Die Zellteilung, die im Mutterleib begann, setzt sich fort. Das Laufenlernen beginnt, das Sprechen. Bald wird der Weg der Ausbildung beschritten. Ein einmaliger, originaler Charakter formt sich durch mancherlei »Geburtswehen« (Trotzphase, Pubertät) hindurch. Der Mensch wird erwachsen, gelangt zu persönlicher Reife, übernimmt Verantwortung, müht sich um sinnvolle, fruchtbare Lebensgestaltung, wird Mutter oder Vater, Großmutter oder Großvater... Diese reiche Nachgeschichte endet im Sterben. Endet sie da wirklich? Oder ist dieses Sterben ein neuer Geburtsvorgang? Ein christlicher Märtyrer ruft voller Gewißheit: »Lebt wohl, ihr Toten, ich gehe ins Leben!« Geheimnisvoll, unausdenklich, die Nachgeschichte einer jeden Geburt! Was wir bei der biologischen Geburt erkannten (die reich gegliederte Struktur), wird in der Bibel benutzt als *Gleichnis* für die Geburt »von oben her«. Wir fragen:

Was alles hat Gott getan, was alles tut er und wird er tun, damit aus einem »alten Adam« ein Gotteskind und Erbe des ewigen Lebens wird?

Mein Name im Himmel

»Mit dem ist es nicht weit her!« heißt eine abschätzige Redensart. Wie weit ist es mit uns Christen her? Unendlich weit! Ewig weit! Von wann datiert unsere Gotteskindschaft? Atemberaubend ist die Aussage von Epheser 1,4 und 5: In Christus hat Gott der Vater uns erwählt *vor Grundlegung der Welt*. Er hat uns dazu ausgesondert, seine Kinder zu sein. Diese Perspektive sprengt all unsere Vorstellungen. Das Denken begreift nichts, nur die Anbetung nähert sich dem Geheimnis. »Vor Grundlegung der Welt«, bevor Milchstraßen, Sonnensysteme, Astralnebel wurden, bevor der Ruf erklang: »Es werde Licht« – vor aller Zeit also hat Gott Sie und mich in Herz und Sinn gefaßt, seine Menschen dazu bestimmt, seine Kinder zu werden. Dies ist der erste Schöpfungsgedanke Gottes. Darum (so müßte man Schelling antworten) ist etwas und nicht nichts! »In Christus« hat er uns erwählt. Im Bilde: Wenn der Vater in der Ewigkeit den Sohn anblickte, dann schaute er in ihm schon alle diejenigen, die der eine Sohn einmal zu Söhnen und Erben machen würde. Da schon stand unser Name im Himmel geschrieben. So weit ist es her mit uns – ewig weit!

Meine Schuld am Kreuz

Gottes ewiger Plan gewinnt konkrete Gestalt in Raum und Zeit. In Jesus übergreift er den Graben, die Sünde, die uns Menschen von ihm trennt. Wunder der Liebe Gottes: Wir sind gottlos, ganz und gar, aber wir sind Gott nicht los, niemals. Denn er greift nach uns. Wir laufen vor ihm weg in wahnsinniger, trotziger Flucht. Aber er holt uns ein, überholt uns, wartet auf uns mit ausgebreiteten Armen. Unseren Fall, den selbstmörderischen Sturz – der Gekreuzigte fängt ihn auf. Unsere Rebellion hat Gott nicht etwa veranlaßt, unsere Namen zu streichen. Jetzt läßt er sie sich für immer in Hände und Füße graben. Wie in der Ewigkeit vor den Augen des Vaters, so steht auf Golgatha Ihr und mein Name im Herzen des Sohnes.

Die nächste Station unserer Wiedergeburt heißt Weihnachten, Karfreitag, Ostern. In 1. Petrus 1,3 wird das betont: »Gott... hat uns *wiedergeboren* zu einer lebendigen Hoffnung durch die *Auferstehung* Jesu Christi.« Es gibt also einen großen Geburtstag, den wir Christen alle gemeinsam haben. Unserer biologischen Geburt, aber auch unserer persönlichen Bekehrung, liegt er zeitlich und sachlich weit voraus. Da, wo der wahre Gott und wahre Mensch, der zweite Adam, Sünde und Tod besiegte, beginnt eine neue Menschheitslinie (Röm 5,12-19; 1. Kor 15,20-22). Unsere Wiedergeburt geschah zu Karfreitag und Ostern. So weit ist es her mit uns.

Meine »Selbstfindung in Christus«

Aus der Ewigkeit kommt die Vorgeschichte, ihr – allerdings sehr vorläufiges! – Ziel erreicht sie, wenn der Mensch zum lebendigen, persönlichen Glauben an Jesus Christus kommt. »Bekehrung« nennen wir dies Geschehen, Umkehr. Wer bekehrt wen? Wer ist Subjekt dabei? Die erste Antwort muß lauten: Gott bekehrt mich. Bekehrung ist *neue* Geburt. Ich mache sie nicht, sie »widerfährt« mir. Oft in wörtlichem Sinn: Mit Macht fährt Gott wider den Kurs, den wir steuern. »Ich habe mich mit Händen und Füßen gesträubt, aber Er war stärker«, bekennen wir dann. Umkehr bedeutet: Gott drehte mich herum. Zweifellos: Ich wurde bekehrt! Auch hier gilt: Die Gnade allein! – Aber die zweite Antwort darf nicht fehlen: Ich kehrte um, ich wandte Gott das Gesicht zu. Bekehrung ist Entscheidung, Wagnis, Tat, bewußter Akt. Niemand erfährt seine Bekehrung unter Vollnarkose oder im Tiefschlaf, niemand unter hypnotischem Zwang. – Aber wie reimt sich beides zusammen: Geburt (Passiv) und Entscheidung (Aktiv)? Keinesfalls nach dem Modell einer »Mischfinanzierung«. Gottes Zuschuß betrug 98 Prozent, doch die restlichen 2 Prozent erbrachte ich in Eigenleistung! Nein, unser Glaube beruht allein auf Gottes Kraft (1.Kor 2,5)! Alles wirkte Gott. Eben deshalb wirkte er Wollen und Vollbringen in mir. Gott löscht unser Denken, Fühlen, Wollen, unser Bewußtsein und Personsein nicht aus. Er orientiert alles neu, polt alles um.

Bekehrung ist Wiedergeburt durch Gottes lebendiges Wort (1. Petr 1,23). So wunderbar handelt Gottes wirkmächtiges Evangelium: Es schaltet uns nicht aus, es schaltet uns ganz ein. Ich verliere nicht mein Selbst dabei; nein, gerade bei der Heimkehr ins Vaterhaus gelingt dem verlorenen Sohn die »Selbstfindung«.

Mein Weg der Heiligung

Ist die persönliche Bekehrung das Endziel der Wiedergeburt? Das wäre ein kümmerlicher Kurzschluß. Auch hier gilt doch: Nicht Punkt, sondern Doppelpunkt. Herr Adam ist in die Freiheit gesetzt, auf die Füße gestellt, sehend gemacht. Nun wird er fröhlich vorwärts marschieren. Immer wieder spricht die Bibel – in etwas altertümlichem Deutsch – vom »neuen Wandeln«. Der Geist Gottes drängt auf die Umstellung von geistlicher Babynahrung (1.Petr 2,2) zu geistlichem Vollkornbrot (1. Kor 3,2; Hebr 5,12). Ein Halleluja über jedes »Kind in Christus«, das geboren wird. Aber Ach und Weh über jeden geistlichen Säugling im Dauerzustand. Ein böses Krankheitsbild: Sich füttern lassen statt essen; lallen statt sprechen, strampeln statt laufen, sich pflegen lassen statt arbeiten – und das bei angejahrten Christen. Gottes Kinder sollen sich nicht im geistlichen Teenagerstadium verbocken, sondern heranwachsen zum vollen Mannesalter (Eph 4,13). Nicht kindisch sollen Gottes Kinder werden, sondern mündig. Alles gesunde Leben wächst. Diesen Prozeß nennen wir »Heiligung«. Auch die Heiligung gehört unter die große Überschrift Wiedergeburt. Ein Christ ist nie fertig, ist stets im Werden (Luther). Die Geburt von oben her ist mitten im Vollzug: Das neue Leben soll plastisch werden. Das Bild Jesu will in uns Gestalt gewinnen. Die neue Gottesebenbildlichkeit soll aufleuchten (2. Kor 3,18).

Mein Platz in der Ewigkeit

Heiligung ist Wachstum! Aber die Heiligungsbäume wachsen nicht in den Himmel. Von Sündlosigkeit auf Erden faseln nur Schwärmer. Christenleben bleibt Kampf. Friede mit Gott heißt stets auch Krach mit mir selbst. »Sünder und gerecht zugleich«, mit dieser Formel beschrieb Luther den Christen. Und er konnte auf seinen Tod warten, weil dort der alte Adam (das Aas, das so gut schwimmen kann) endgültig ersäuft wird. Gott wird mit dem Alten fertig werden und das Neue ans Ziel bringen. Der Kolosserbrief sagt: Wir sind bereits mit Christus auferstanden, aber das neue Leben ist verborgen mit Christus in Gott. (2,12 u. 3,3). Bei Gott ist unsere neue Existenz schon fix und fertig, unser neues Sein schon perfekt. Er schaut uns vom Ziel her an. Was wird geschehen, wenn Jesus wiederkommt? Wenn Er erscheinen wird, dann werden wir ihm gleich sein (das heißt, als sein Ebenbild ihm voll entsprechen), denn wir werden ihn sehen, wie er ist (1. Joh 3,2). Jesus spricht (Mt 19,28) auch von Wiedergeburt (Palingenesia), wenn er die Geburtsstunde der neuen Welt, die universale Neuschöpfung, meint. Die Wiedergeburt des einzelnen vollendet sich mit der Wiedergeburt der ganzen Gemeinde und ist eingebettet in die Wiedergeburt des Alls, in die Schöpfung des neuen Himmels und der neuen Erde. Das Wort »Wiedergeburt« schließt nach biblischem Verständnis den ganzen Weg ein, den Gott mit seinen Menschen geht. Von Ewigkeit zu Ewigkeit spannt sich der Bogen der Wiedergeburt. Weniger ist zu wenig.

Jesus provokativ

Du sollst nicht ...

Gottes Gebote-Freudenverbote?

Eine Gruppe junger Christen bereitet einen Jugendgottesdienst vor. Einer malt eifrig an einem Plakat: »Das Lachen in der Kirche...« Da kommt ein Klassenkamerad vorbei und behauptet siegesgewiß: »Wie's weitergeht, weiß ich schon!« – »Nämlich?« –»... ist verboten! Wie denn sonst?« Schon sprudelt's heraus: »Euer Gott ist doch nichts als eine autoritäre Vaterfigur – seit Freud weiß das jeder Gebildete! – seine Gebote sind repressive Maßnahmen zur Triebunterdrückung, ihr Christen verklemmte Spießer: Habt ihr zu etwas keine Lust, schallt's senkrecht von oben: Du sollst! Habt ihr Spaß an etwas, dröhnt's dazwischen: Du sollst nicht! Wie Gitterstäbe am Käfig sind Gottes Gebote. Dahinter sitzt ihr Christen eingepfercht. Das soll Leben sein?«

Gottes Gebote-damit das Leben lohnt

»Ich bin der Herr, dein Gott, der ich dich aus Ägyptenland, aus der Knechtschaft geführt habe.« Das ist die Ouvertüre zu den Zehn Geboten. Da zeigt Gott seine Visitenkarte. Er stellt sich vor: Ich bin euer Befreier, Erretter, Löser eurer Fesseln. Leben sollt ihr, frei sein! Darum – damit Leben und Freiheit nur ja nicht verspielt werden! – darum: Du sollst keine anderen Götter haben... nicht töten... nicht ehebrechen! (aus 2. Mose

20,1-17) Gitterstäbe am Käfig? – Oberhalb der Niagarafälle sollen weit sichtbar Bojen angebracht sein mit der Aufschrift: Von hier ab keine Rettung mehr! Sie wenden sich an waghalsige Touristen, die mit Booten sich möglichst nah dem Steilabsturz der Wassermassen nähern. Hier wird der Sog so reißend, da gibt's kein Zurück! – So sind Gottes Gebote gemeint: Weil sie den *Lebensraum schützen* wollen, markieren sie die Todeslinie. Die Ampel steht auf Rot! – Gitterstäbe? Dokumente der Versklavung? – Nein, »Magna Charta« der Freiheit!

Buchstaben, die töten

Im Alten Testament brandet immer neu lauter Jubel auf, wenn von Gottes Geboten, von Gottes Willen, die Rede ist: Ich wandle fröhlich, denn ich suche deine Befehle; Ich liebe deine Gebote mehr als Gold; Um Mitternacht stehe ich auf, ich will dir danken für die Ordnung deiner Gerechtigkeit (es lohnt, den Psalm 119 ganz zu lesen).

Diese Begeisterung verstehen wir jetzt besser: Freude an Gottes Geboten ist eben Lebensfreude! – Aber verstehen wir jetzt noch Paulus? »Die *Kraft (der Motor) der Sünde* ist das Gesetz« (1. Kor 15,56); »Christus hat uns erlöst von dem *Fluch des Gesetzes*« (Gal 3,13). – Das ist doch ein völlig anderes Klima, ein totaler Wetterumsturz! Zwischen dem Jubel im Alten Testament und dem Verzweiflungsschrei aus Römer 7 (»Ich elender Mensch! Wer wird mich erlösen?« V.24) muß doch etwas passiert sein! Das ist geschehen: Der Mensch hat Gottes gute Gabe (die Magna Charta der Freiheit) an sich gerissen, sie von Gott getrennt, ja sie zu einem Instrument gemacht, um sich gegen Gott abzusichern (wir geben Gott doch die vorgeschriebenen Opfer, was kann uns da schon passieren?), sich gegen ihn zu etablieren und groß zu machen (Ich danke Dir, daß ich nicht bin wie andere Leute...). Der Mensch, der sich selbst zum Mittelpunkt der Welt macht, verdirbt Gottes gute Gebote, pervertiert sie in ihr Gegenteil: Zum Leben sind sie gegeben (Röm 7,10), nun werden sie Buchstaben, die töten (2. Kor 3,6). – Wie sieht das aus?

Ein Thema-drei Variationen

Gottes Gebote – ein Zaun (Modell Zachäus)

Wer den Zolldirektor Zachäus in seiner komfortablen Villa interviewt: Wie lautet Ihr Erfolgsrezept?, bekommt zur Antwort: Das Geheimnis meiner Karriere ist ganz einfach. Es ging aufwärts mit mir, seit ich Gottes Gebote vom Tisch fegte. ›Du sollst nicht stehlen!‹ Ich bitte Sie, das ist doch längst passé! Das verhindert jeden Fortschritt. Meine Lebensphilosophie ist die: Gottes Gebote sind ein Zaun, der mich von allem Schönen, aller Lust und Freude trennt. Mich hat fasziniert, was hinter dem Zaun liegt. Ich habe den Sprung hinüber gewagt. Der Erfolg gibt mir recht! – Ob der reiche Zachäus es nicht merkt? Ein Gefangener ist er geworden. Sein Geld hat ihn. Wer's ihm nähme, würde ihn umbringen. Er ist, was er hat – mehr nicht!

Gottes Gebote – eine Leiter (Modell Saulus)

Ein genial begabter junger Theologe, Leitbild vieler Altersgenossen, eine Professur ist ihm sicher. Saul, was bedeuten Ihnen Gottes Gebote? – Wenn ich ehrlich bin, die große Chance, aus meinem Leben etwas zu machen, eine Leiter, an der ich mein Können erproben kann. Stufe für Stufe geht's aufwärts: Achtung bei den Frommen, Ruhm bei Gott! – Ob er es nicht entdeckt, der kluge Theologe? Sich selbst sucht er, und Gott ist nur das Mittel dazu. Auf die eigene Größe zielt seine Frömmigkeit. So prächtig möchte er dastehen, daß er Gott nicht mehr nötig hat. – Der Apostel spricht später von der eigenen Gerechtigkeit, vom Sich-Rühmen und sieht darin den Gipfel der Sünde.

Gottes Gebote – eine vereiste Steilwand (Modell Luther)

Fragt man den von Wachen, Fasten, Geißelhieben, unerbittlicher Selbsterforschung gezeichneten Mönch Luther nach dem Grund seiner Qual, so wird er antworten: »Zwischen *zwei* Erkenntnissen werde ich zerrieben, an ihnen ver-*zwei*-fele ich. Die eine: Gottes Wille muß von mir getan werden. Seine Gebote gelten – unbedingt, lückenlos. – Die andere: Ich vermag es nicht! Mir geht es wie jemandem, der eine vereiste Steilwand emporzuklettern versucht – er muß auf den Gipfel, sein Leben hängt daran! – und immer wieder in die Tiefe stürzt. Und dabei heißt das eigentliche Gebot: Du sollst Gott fürchten und *lieben*. Wie kann ich den lieben, der Unmögliches von mir verlangt. Ich hasse ihn!« –

Gottes Gebote – ein Zaun, der zum Sprung hinüber reizt: Sünde in Form der *Übertretung*; – eine Leiter, deren Sprossen einen glanzvollen Aufstieg ermöglichen: Sünde in der Form *selbstherrlicher »Erfüllung«*; – eine Steilwand, an der man beständig abgleitet: Sünde in Form von *Verzweiflung und Gotteshaß*! Offene Rebellion (Zachäus), Werkheiligkeit und Stolz (Saulus), Verzweiflung und Lästerung (Luther), das sind die drei Variationen der Sünde. Das gemeinsame Thema aber lautet: Ich, der Mensch, will etwas aus mir machen. Aus meinen (frommen oder gottlosen) Leistungen will ich mich selbst gewinnen. Der Refrain heißt stets: Aus meinen »Werken« soll meine »Person« entstehen (als Formel: W – P). Das bedeutet: Ich versuche, mein eigener Schöpfer zu sein. Das ist – auch wenn es noch so fromm aussieht! – Rebellion gegen Gott, Lästerung, Turmbau zu Babel, Selbstvergötzung. – Als Mittel dazu aber benutzt der Mensch Gottes Gebot, mißbraucht, pervertiert es. Nun richtet das »Gesetz« immer Sünde an, provoziert stets Aufstand. Denn wo Gottes Gebot auf den Menschen in der »Mittelpunktshaltung« trifft, da kommt heraus, was in ihm steckt: Er will nicht, daß Gott GOTT sei und alle Ehre ihm allein gehöre.

Christus – des Gesetzes Ende

Wie kann den dreien geholfen werden – dem öffentlichen Sünder, dem stolzen Pharisäer, dem verzweifelten Mönch? Wie kann uns allen geholfen werden? (In einer der drei Variationen stecken wir »Selbermacher« sicher drin!) – Es ist einer gekommen und hat das ganze

System umgepolt: Nicht du mußt etwas aus dir machen, dein eigener Schöpfer sein, deine Person aus den Werken aufbauen. Nein! Es ist umgekehrt: Ich sage Ja zu dir, identifiziere mich mit dir, gebe mich für dich preis. *Vor* all deinem Bemühen und Verzweifeln, *vor* all deinen Erfolgs- und Frustrationserlebnissen, *vor* allem stehe ich und sage: Du darfst leben von meiner Liebe. Ich bin das große Plus vor deinem Leben, das alles in der Klammer regiert, die Eins vor all deinen Nullen. Ich sage Ja zu deiner »Person« – warum? Weil ich eben Ja sage! Sola gratia, aus Gnaden allein! Glaub's nur, dann hast du's. Die »Werke« kommen dabei nicht zu kurz. Aber nun folgen sie nach, sind Konsequenzen aus Freiheit, Liebe, Dank (Die Formel lautet nun: P → W).

Dieses Ja hat Gott in Jesus Christus verwirklicht, – freilich auf eine Weise, die deutlich macht, wie ernst Gott die Sünde nimmt. Auf Sünde steht Tod – ohne jede Amnestie! Alle Sünde bekommt's mit dem Zorn Gottes zu tun. Das bleibt gültig. Nur – und das ist das Wunder von Golgatha – die Liebe Gottes steuert das Geschoß seines Zornes so, daß es ihn selber trifft. Das ist der Freispruch für uns. Wie Kinder werden wir Rebellen adoptiert. Gibt's irgendwo mehr? Niemand braucht jetzt noch aus sich selbst etwas zu machen (Du bist schon wer!). Niemand soll es je wieder wagen!

Die Liebe – des Gesetzes Erfüllung

Als Heilsweg, auf dem wir zum Ziel marschieren müßten, ist das Gesetz zu Ende. An seine Stelle ist Jesus Christus getreten, hat alles für alle getan. – Sind damit

Gottes Gebote überhaupt erledigt? Sind sie Makulatur, moralische Ladenhüter? Regieren nun Lust und Laune? – Jesus selbst hat das, worauf das Gesetz im Grunde zielte, was es aber mit uns »unbrauchbarem Material« nie erreichen konnte, die *Liebe* genannt, die Liebe zu Gott und dem Nächsten (Mt 22,36-39). Und Paulus sagt: Was dem Gesetz unmöglich war, das hat Gott selbst getan, und er weist dabei auf den *Heiligen Geist* hin (Röm 8,2ff). Der Heilige Geist aber führt auf den Gipfelweg der Freiheit. Da geht es über einen schmalen Grat. Herrliche Weite und gefährliche Tiefen gehören dazu. Rechts gähnt der Abgrund neuer *Gesetzlichkeit* (die dauernde Frage: Darf man als Christ...?), links der des *»Liberalismus«*, der die Vokabel Freiheit als Alibi für Sünde, als Feigenblatt für Versklavung im Triebhaften, für eitle Selbstbespiegelung und Faulheit benutzt. Gut, daß der Gratweg schützend flankiert ist! Als Leitplanken stehen die Gebote Gottes da. Freilich, diese Gebote geben nur die große Richtung an, bewahren vor Abstürzen. Sie regeln nicht jeden einzelnen Schritt. Christliche Ethik ist keine »Kasuistik«, die jeden »Fall« vorauskalkuliert. Kasuistik fragt nämlich immer nach der Grenze (»Ist's genug siebenmal?«), Liebe kann nie genug tun. So gehört zur Gratwanderung die ständige Bitte um Wegweisung für den nächsten Schritt: Herr, nun laß mich entdecken, was du jetzt, hier, heute von mir willst!

Buße – Gottes Geschenk an uns

Motto: »Ich predige, was ich selber brauche, Buße und Vergebung der Sünden« (Ludwig Hofacker).

A. Buße – Was ist das?

Zwei Bilder stelle ich einander gegenüber – Welten liegen zwischen ihnen.

Leuchtende Augen

Nachum von Gimso, der fromme Rabbi, – so erzählt eine jüdische Legende – treibt einen Esel, mit Brot und Früchten bepackt, vor sich her zum Lehrhause. Brütende Mittagshitze umfängt ihn. Wacht er oder schläft er, geht oder taumelt er? Da drängt ein halbverhungerter Bettler an ihn heran, über und über bedeckt mit Geschwüren, ekelhaft stinkend. Bittend streckt er die magere Hand aus. Nie ist Rabbi Nachum einer Bitte ausgewichen; aber jetzt – schier betäubt von der Sonnenglut – erwidert er mürrisch: »Warte gefälligst, bis ich dir etwas herausgesucht habe!« – Unlustig trottet der Rabbi hinter seinem Tier her, holt es ein, fingert an den Körben herum, greift sinnlos dahin und dorthin. Da – hinter ihm ein durchdringendes Stöhnen. Er wendet sich. Der Bettler liegt ausgestreckt im Sande – tot. Rabbi Nachum wirft sich über ihn, will ihn speisen, tränken – doch umsonst.

Da hebt er die Hände zum Himmel: »Gerechter Gott! Mir gebührt Strafe. Durch mein Versagen ist dieser Mensch verdorben. Meine trägen Füße mögen erlahmen, meine faulen Hände verdorren, meine unwilligen Augen erblinden, seine Krankheit – mein Leib soll sie tragen!« – An jenem Tage erkrankt der Rabbi, wird lahm und blind, seinen Körper bedecken Geschwüre. Verwesungsgeruch umhüllt ihn. – Da besucht ihn Rabbi Akiba, sein Schüler, sieht ihn und schreit: »O weh mir, daß ich dich so sehen muß, du Frommer!« – Doch Rabbi Nachum lächelt: »Wohl dir, Akiba! Was du siehst, ist Gottes Gnadenzeichen: Er gewährt mir zu büßen an meinem Leibe und in diesem Leben, so daß ich unversehrt bin an meiner Seele und in jenem Leben. O Akiba«, sagt er und seine erblindeten Augen leuchten auf, »preis mit mir den gütigen Herrn: *Ich darf Buße tun!*«

Augen voller Tränen

Der Hof des hohenpriesterlichen Palastes bei Nacht. Zwischen Soldaten, die sich am Feuer wärmen, ein Fischer aus Galiläa. Zischelnde, drohende Stimmen: »Du warst auch mit dem Jesus von Nazareth!« Da hebt der Fischer seine Hand zum Schwur, ruft Gott zum Zeugen an und Gottes Fluch auf sich herab: »Ich kenne den Menschen nicht.« – Und alsbald krähte der Hahn. Der schrille Ton, Wecker Gottes, Trompete des Jüngsten Gerichts, zerreißt Bann und Wahn: »Wer sein Leben erhalten will, der wird es verlieren.« Und er ging hinaus und – erhängte sich. Nein, so endet doch die Geschichte des Judas, nicht die des Petrus! Doch der Unterschied liegt nicht in der Qualität des Petrus begründet. Lukas gibt den Schlüssel (22,61): »Und der Herr wandte sich und sah Petrus an.« Das Geheimnis liegt in den Augen Jesu: nicht bittere Resignation ist darin, nicht der letzte Triumph eines Gescheiterten (»Siehst du!«), nicht Verurteilung, – nichts als Liebe: Simon Jonas, gerade jetzt bin ich dir nahe. Weißt du jetzt, warum ich hier stehe: den Fluch, den du auf dich herabgerufen, ich nehme ihn auf mich. So die Sprache der Augen Jesu. Und Petrus ging hinaus und weinte bitterlich. Tränen der göttlichen Traurigkeit, Tränen, die Gott abwischen wird. – Und der Herr wandte sich um. Daraus, allein daraus, wächst die Umkehr des Petrus.

Alter oder neuer Äon – Ich oder Er

Leuchtende Augen eines Blinden, Jubel eines Sterbenden: *Ich* darf Buße tun. Ergreifend! Und doch alter Äon, Gesetz, Tod! Büßen darf ich, abbüßen – gewiß, mit Gottes Hilfe, unter Gottes Gnade, aus seinem Erbarmen, aber doch Ich, ich darf's tun. Das ist Buße am Horizont der alten Welt: Selbstbehauptung noch bei verwesendem Leibe, Selbstbehauptung im Preisen der göttlichen Güte, Selbstbehauptung gerade in der Buße. Das alte Thema ist festgehalten: Es heißt ICH. Augen voller Tränen, ein gebrochener Mann. Und doch neuer Äon, Evangelium, Leben! Da weint einer am eigenen Sarg, steht vor dem eigenen Leichnam. Nur eins kann noch retten: Vergebung der Sünde, Auferweckung aus dem Tode. Da hat das alte Thema keinen Platz mehr, das ICH ist tot, da bricht das neue Thema an: *ER, ER, – DU!* Petrus hat dafür gesorgt, daß man die Geschichte von Jesu Passion nie erzählen kann, ohne von des Petrus Schuld zu reden. »Eben... weil ihm Jesus Vergebung gewährt hat, bekannte er seine Schuld«, und so hören wir die »mächtigste Beichte, die je im Verlauf der menschlichen Geschichte abgelegt worden ist« (A. Schlatter).

Verwandlung unter den Augen Jesu

Zwei Bilder – zwei Welten! Nüchtern und begrifflich stellt der Theologe fest: Bei Jesus haben Buße und Heil ihren Platz vertauscht: Heißt der Weg des Rabbi Nachum *durch Buße zum Heil* und bleibt darin ein Weg der Selbstbehauptung auch bei scheinbarer Selbstpreisgabe, so heißt der Weg, den Jesus seinen Jünger führt: *durchs Heil zur Buße*. Gottes Güte steht am Anfang, und so geschieht Befreiung aus der »Mittelpunktshaltung« zum Bekenntnis: Herr ist Jesus! Unter den Augen Jesu vollzieht sich der Schritt vom ICH (das sich noch im Verwesen festhalten will: ICH darf Buße tun) zum ER: Er hat alles für alle getan.

Was ist Buße?

Buße ist die unter den Augen Jesu geschehende, von seinen Augen bewirkte Verwandlung unseres Lebens in sein Bild hinein (»Nun aber schauen wir alle die Herrlichkeit des Herrn ... und wir werden verklärt in sein Bild von einer Herrlichkeit zur anderen« 2. Kor 3,18). Dieser Grundsatz »Jesu Augen wirken Umkehr« soll im Folgenden dreifach entfaltet werden: Sie wirken

1. Umkehr zum Glauben
2. Umkehr zur Liebe
3. Umkehr zur Hoffnung

B. Umkehr – Unter den Augen Jesu

1. Unter Jesu Augen geschieht – Umkehr zum Glauben

Jesus erweckt den Glauben

Adolf Schlatter hat in seinem bahnbrechenden Werk »Der Glaube im NT« herausgestellt: die Art, wie Jesus vom Glauben spricht, zum Glauben ruft, den Glauben schenkt ist »in der religionsgeschichtlichen Umgebung völlig neu.«

Was sagt die Umwelt? Sie stellt dem Menschen die Diagnose: Du mußt neu werden! Sie bietet ihm als Therapie: Du kannst neu werden, wenn... und verspricht ihm gangbare Wege. Insofern ist das Thema aller Religionen und aller Ideologien *der neue Mensch*; alle wollen Buße, Bekehrung, Wiedergeburt. Darum kommt hier alles auf den Unterschied an zwischen Religion und Jesus Christus, zwischen Gesetz und Evangelium.

Wie sagt es die Umwelt? Sie sagt es in der Form des Imperativs, als Appell an die drei Grundvermögen des Menschen – an Wollen, Fühlen, Denken.

»Mensch, *wollen* sollst du!« – das ist der Imperativ des Judentums. Da steht das Gesetz vor dir. Geh hin, tu's. Die Gebote sind praktikabel. Sie zu erfüllen, steht in deiner Macht. Du kannst, darum sollst du auch!

»Mensch, *fühlen* sollst du!« so lautet der Imperativ der Mysterienreligionen: Laß dich einweihen ins Geheimnis. Im Rausch, in der Ektstase, im Enthusiasmus wirst du emporgetragen über die Welt der dumpfen Materie, emporgerissen über dich selbst, entrückt in die Gottheit und ins Licht der Unsterblichkeit! Tu's! Du kannst, darum sollst du auch!

»Mensch, *denken* sollst du, neu denken, umdenken!« erklingt der Imperativ der Philosophie (etwa der Stoa). Erkenne, daß in dir, dem Mikrokosmos, derselbe Geist (Logos) waltet, der den Makrokosmos beherrscht. Lebe diesem Logos gemäß, dann wirst du heil. Tu's! Du kannst, darum sollst du auch!

So rufen die Heilslehren zur Zeit Jesu. In ihrer Grundstruktur sind sie zeitlos, auch heute aktuell: der Ruf zum Wollen und Tun – die weltverändernde Praxis des Marxismus; der Ruf zum Fühlen in allen meditativen und ekstatischen Bewegungen bis zur Drogenwelle; der Ruf zum Denken in allem Rationalismus, aller Wissenschaftsgläubigkeit. Solche »Religion« ist auch die ständige unterschwellige Bedrohung unseres Christenglaubens. – Vorausgesetzt ist stets die Umkehrfähigkeit des Menschen. Er kann. Er soll. Die Appelle richten sich an den »alten Adam« und seine Fähigkeiten.

Jesus aber tritt in diese Welt der Forderungen und ruft: »Kommet her zu mir, alle, die ihr mühselig und beladen seid, so werdet ihr Ruhe finden« (Mt 11,28). »Fürchte dich nicht, glaube nur!« – Dieser Ruf aber – und das ist das Evangelium – fordert nicht, sondern schenkt. Er setzt die Energie nicht bei uns voraus, sondern bringt sie mit. Er ist stets Totenauferweckung: »Lazarus, komm heraus!« Du kannst nicht, aber eben deshalb komme ich ja. *Du darfst, weil ich kann.*

Jesus nimmt die Furcht

Das »uns« in unserm Thema fordert auf, persönlich zu reden. So sage ich's persönlich von mir her und denke, es dabei modellhaft für uns alle zu sagen.

Ich habe den Ruf Jesu immer wieder »gesetzlich« mißverstanden, habe Appelle gehört und dabei nicht in die Augen Jesu, sondern auf mich selbst geschaut. Ich habe die neuschöpferischen Imperative Jesu (das »Glaube nur!«) verwechselt mit den religiösen Appellen an den alten Menschen. Ich sehe darin die Grundgefährdung meines Christseins.

Drei *Mißverständnisse* möchte ich beleuchten, die religiösen Ansprüche ans Denken, Fühlen, Wollen werden dabei wiederkehren und sollen mit dem freimachenden Evangelium konfrontiert werden.

»Du mußt *richtig denken!«* Ich habe als Schüler gekämpft gegen meine intellektuellen Zweifel (durfte ich dabei Jungscharstunden halten?), habe mich herumgeschlagen mit Gedanken der Lästerung gegen den Heiligen Geist (von dem Gefürchteten und Verabscheuten wurden die Gedanken geradezu magisch angezogen, ein »Teufelskreis«), kein Theologiestudent wird am Problem der »intellektuellen Redlichkeit« vorbeikommen...

Da tritt Jesus vor mich und sagt: Fürchte dich nicht, glaube nur. Schau weg von dir, sieh in meine Augen. Ich kenne deine Gedanken und Zweifel von ferne. Aber sieh, ich liebe dich brutto, ganz inklusiv. Deine gedanklichen Probleme darfst du vor mir ausbreiten, darfst vor mir zweifeln. Ich sage dir zu: Der Friede Gottes, höher als alle Vernunft (die deine eingeschlossen), ist eine Schutzwacht auch um dein Denken (Phil 4,7). – Nun darf ich aufatmen, Weite gewinnen und mich freuen. Beispielhaft steht mir dabei Karl Heim vor Augen, der in seinem ganzen theologischen Werk praktiziert hat: Kein Gedanke kann mich von Christus trennen. Solange ich noch irgendeinen Gedanken, der je gedacht wurde, aus Philosophie oder Fremdreligion, aus der Diskussion Glaube und Naturwissenschaft, aus konservativer oder modernistischer Theologie, irgendeinen Gedanken, der mich von außen erreicht oder von innen in mir aufsteigt, *fürchten* muß, so lange glaube ich nicht: Herr ist Jesus! Das Verdrängen »gefährlicher« Gedanken macht nicht frei, sondern fanatisch. Umkehr unter den Augen Jesu heißt: Nun kann ich die Furcht vor meinen eigenen Gedanken und denen anderer Leute hinter mir lassen, sie ihm überlassen. Ich darf unter seinen Augen denken, fragen, forschen, zweifeln. Er hat mir seine Gedanken verheißen.

»Du mußt *kräftig fühlen!*« Über eine »anständige« Bekehrung hatte ich feste Modell-(Klischee-) Vorstellungen: Sündenbewußtsein, Schmerz, vielleicht Tränen, der Weg in die Aussprache, dann der totale Umschlag: Friede, Freude, Jubel, strahlende Gewißheit. Alles voll Halleluja! – Ich habe als Junge von etwa neun Jahren erstmals erfahren, was Sündenerkenntnis bedeutet, wie Beichte befreit, – aber war das schon das große Erlebnis, senkrecht von oben und himmelstürmend? So kräftig fühlen, so gewaltig erleben, daß kein Zweifel mehr möglich ist! Vielleicht so, wie's Pascal widerfuhr. Datieren kann er's: 23.11.1654 von 22.30 Uhr bis 0.30 Uhr. Und eine Wucht ist darin, daß nur noch Satzfetzen dastehen, ekstatische Urlaute: »Feuer – Gott Abrahams...Isaaks...Jakobs, nicht der Philosophen und Gelehrten. Gewißheit, Empfindung, Freude, Friede... Freude, Freude, Freude, Tränen der Freude«. Und bei mir das Schwanken: »Jetzt hab ich's« – »Nein, doch nicht!« Dauerhaft muß es sein, stabil, nicht momenthaft. Wann endlich?

Da kommt Jesus und sagt: Fürchte dich nicht, glaube nur. Schau weg von dir, schau mir in die Augen, ich kenne deine Gefühle und ihr Auf und Ab, kenne dein trotziges, verzagtes Herz. Nun laß Fieberthermometer und Blutdruckmesser. Ich sag dir's doch: Du bist mein, in mir erwählt vor Grundlegung der Welt (Eph 1,4). Nicht nur ehe du denken, fühlen, wollen, zweifeln und sündigen konntest, sondern längst, ehe du existiertest. Lies! Da steht's: »Du bist mein!« Nun kann ich aufatmen! Meine Gefühle schwanken. Was tut's: Sein »Gefühl« für mich bleibt gleich. Nun kann ich die Sucht nach großen Erlebnissen hinter mir lassen und die Furcht vor depressiven Stunden dazu: Gott ist treu!

»Du mußt *tüchtig wollen!*« Heiligungskampf! Sieghaftes Leben, Triumph über die Sünde! – Und ich falle immer wieder auf die Nase! Aufstehen! Weitermachen! Beten! Bibellesen! Zucht! Hilft denn auch Gottes Hilfe nicht?

Ich las von einem schlichten Siegerländer Gemeinschaftsmann. Klug war er, von festem Willen, nüchtern. Ergriffen erzählte man sich in den Dörfern, als reifer Mann und Christ sei er den eineinhalbstündigen Weg zum Bergwerk mit wildem Weinen gegangen. Er selbst erzählte später davon: »Was hat man sich gequält! Wie haben sie uns hineingetrieben in die Heiligung, unter das Gesetz; der liebe Pastor X, die Brüder in der Stunde! Wie haben sie uns immer wieder den Rücken blutig geschlagen und in der nächsten Stunde, statt Öl und Wein einzugießen, uns neu geschlagen!« Die ganze Gemeinde wurde von diesem Sterben unter dem Gesetz mit erschüttert. Ist das Heiligung? – Am schlimmsten scheint mir der Satz »mit Gottes Hilfe.« Das elende Kooperationsmodell: Gott hilft dir, d.h. Gott tut – *fast* alles! Aber eben fast! Er hilft dir, tut 99,9 Prozent. Aber eben im »winzigen« Rest, da steckt's: der Teufel im Detail.

Da tritt Jesus vor mich und sagt: Fürchte dich nicht, glaube nur. Sieh auf mich: Ich bin deine Heiligung. Ich bin der Herr, dein Arzt. Überlaß dich mir, wie ein Patient sich in die Hand des Chirurgen begibt. Sieh in meine Augen, da ist alles: Röntgenstrahlen, Radiumstrahlen, Höhensonne. – Da helfen mir die Väter und Brüder – besonders L. Hofacker: »Der Mystiker will über sich wachsen, wir aber ›unter sich...‹ Er meint, aus seiner alten Natur, wenn auch *mit Hilfe Christi*, noch etwas machen zu können, und das ist erlogen... Solange man durchs *Gebet* noch etwas aus sich selbst herausschlagen will, so steht's nicht richtig.«

Gott selbst schafft alles – Wollen und Vollbringen (Phil 2,13). Da darf ich aufhören mit dem Krampf des Selbermachens und der Selbstbeobachtung. Weg mit dem »mit Gottes Hilfe«, es heißt: *»in Gottes Kraft«*. Sola gratia! Er hat das gute Werk angefangen, er wird's vollenden. Seine Ehre hat er verpfändet. Die Sach ist dein... Jesu Augen wirken Umkehr – Umkehr zum Glauben. Sie »faszinieren« so, daß sie die meinen von mir wegziehen. Hab ich schon keinen großen Glauben, hab ich doch einen großen Gott. Von dem Siegerländer Bruder heißt es: »So kühn waren seine Gedanken, daß er oft mit einem fast allzu verwegenen Satz, der doch genau das Richtige meinte, der gerade darin ein Satz des Glaubens war, sagte: Mein Glaube? Ich habe keinen Glauben. Gott ist mein Glaube!«

2. *Unter Jesu Augen geschieht Umkehr zur Liebe*

Viel Vergebung – viel Liebe

»Ihr sind viele Sünden vergeben worden, darum hat sie mir viel Liebe erzeigt, wem aber wenig vergeben ist, der liebt wenig« (aus dem Griechischen übersetzt nach Luk 7,47). Dieses Jesuswort steht am Ende einer erregenden Szene: Ich erzähle die Begegnung mit der »großen Sünderin« aus einer doppelten Perspektive – zunächst mit den Augen des Pharisäers Simon, dann mit denen Jesu.

Simon hat seine Freunde geladen und Jesus dazu. Dem Wanderprediger aus Nazareth soll diskret auf den Zahn gefühlt werden. Man liegt zu Tische beim festlichen Mahl. Da öffnet sich die Tür. Unerhört! Die! Die Hure aus der verrufenen Gasse. Daß sie bei Nacht den Männern nachstellt, das weiß man. Aber am hellichten Tage in die Runde der Frommen einzubrechen! Sodom und Gomorrha! Parfüm hat sie in der Hand. Das alte Dirnenmittel, die Vernunft zu betäuben und die Sinne zu kitzeln. Da! Sie berührt Jesus, legt ihr Gesicht auf seine Füße, näßt sie mit Tränen. Wie geschmacklos! Ekelhaft! Jetzt – ihr Haar löst sie auf, – alter Hurentrick der Verführung. Schluß jetzt! Pfui! Und er – der Prophet? Nach hinten hätte er austreten müssen – den Fuß mitten ins geschminkte Dirnengesicht. Nichts davon. Durchschaut ist er nun: der Zöllner und Sünder Kumpan! – Nun die Sprache der Augen *Jesu*: Simon, ein Freudenmädchen nennt ihr sie. Weißt du, daß ihr jetzt zum ersten Male die Freude begegnet ist. Liebe sagt ihr, sei ihr Geschäft. Weißt du, daß ihr heute die Liebe widerfuhr? Eine ›Maschine‹ sei sie, Objekt fremder und eigner Lust. Siehst du ihre Tränen; heute fällt die Maske, Mensch darf sie werden, Geschöpf Gottes. Gewiß, das Parfüm stammt aus dem Bordell, ihre Haare hat sie aufgelöst. Aber merkst du nicht: unter den alten Mitteln, den alten Gesten ein neuer, neu geborener, verwandelter Mensch, Simon, ihr ist viel vergeben worden, darum liebt sie viel. Simon, du Gerechter, von Vergebung weißt du nichts, was weißt du von Liebe? – Welch ein Wunder! Ein verlorener Mensch wird lebendig, Liebe wird in ihm erweckt: eine Liebe, die über Sitte und Konvention hinwegspringt, Dämme wegspült, nicht an sich halten kann. Und ein Gerechter steht mäkelnd, vertrocknet, erstarrt beiseite! *Vergebung* – dies Wort steht in der Mitte. Urwort der neuen Welt, Wunder aller Wunder. Aus Gottes Agape kommt sie, der grundlosen, ganz spontanen, ganz kreativen, nicht unseren Wert abschätzenden, sondern ganz neu setzenden Liebe, mit der Gott uns Rebellen überschüttet (Röm 5,8.10). Zur Liebe führt sie – zur Liebe, die Echo ist, Umkehr vom Ich zum Du.

Jesus vergibt – Er *vergißt* nicht. Das ist zu wenig. Vergessen ist nur eine intellektuelle Fehlleistung: Etwas »entfällt« mir, kann mir aber jederzeit wieder »einfallen«. – Er *verzeiht* nicht. Das schafft nichts aus der Welt. Verzeihen ist nur Verzicht aufs »Zeihen«, auf Anklage und Anzeige. – Er *versteht* nicht, jedenfalls nicht im Sinne des Sprichworts »Alles verstehen, heißt alles verzeihen«. Er solidarisiert sich in keiner Weise mit unseren egoistischen Zielen. Er nennt Sünde schonungslos beim Namen. Aber er *vergibt*. Da wird die Schuld wirklich weg (=ver)-gegeben, auf ihn gelegt. Er nimmt sie mit in seinen Tod, löscht sie darin aus. Vergeben ist allein Gottes Geschäft, denn Vergebung ist stets ein *Schöpfungsakt:* Aus Nichts wird Etwas (1.Mose 1!): Aus einer Hure ein Gotteskind! Und umgekehrt: Aus Etwas wird Nichts. Real vorhandene Sünde wird real und rechtens vernichtet, ist nicht mehr da! Jesu Regel ist ganz schlicht: Wo viel Vergebung – da viel Liebe. »Wo Vergebung der Sünden ist, da ist Leben und Seligkeit« (Luther) – *und* Liebe, Grenzen übersteigende, Unerhörtes wagende Liebe. Nur ein Thema kennt sie, nur eine »Passion« hat sie: ER. Darum: Weil dir viel vergeben ist, »blüh'auf, gefror'ner Christ« (Angelus Silesius)!

Der Weg über allen Wegen (1.Kor 12,31b)

Im Folgenden betrachten wir drei Wege, drei Ansätze menschlichen Handelns, menschlicher Ethik und sehen, wie der »Höhenweg der Agape« über sie hinausgeht, sie als »alte Welt« hinter sich läßt.

Liebe ist mehr als Pflicht

Pflicht ist groß, die Liebe ist größer. Da sitzt der Rabbi und studiert die Thora: 613 göttliche Verordnungen = 248 Gebote und 365 Verbote, dazu die detaillierten Ausführungsbestimmungen der Ältesten (Darf ich ein Ei essen, das ein unvernünftiges Huhn am Sabbat legte?). Ein engmaschiges Netz von Kasuistik überzieht alle Lebensbereiche. Und doch hat es Lücken. Der Rabbi wiegt den Kopf: In diesem Falle bin ich da jetzt »gebunden« (d.h. es liegt ein Gebot vor), bin ich in Pflicht genommen? Oder bin ich »gelöst« (d.h. hier gibt's – noch – keine Bestimmung), darf ich hier mein eigener Herr sein? – Welches Glück! Hier bin ich »gelöst«, endlich einmal. – So zielt alle Pflicht auf die *Grenze*, atmet »gelöst« – erlöst auf, wenn sie erreicht ist. Wie oft muß ich vergeben? Ist siebenmal genug? (Mt 18,21ff). Petrus, du möchtest beim achten Mal mit gutem Gewissen zurückschlagen können. Eine Ethik der Pflicht ist zugleich eine *Knechtsethik*. Pflicht steht gegen Neigung, sagt Kant. Da bleiben Seufzen und Unlust nicht aus. Der ältere Bruder im Gleichnis (Lk 15) murrt: »So viele Jahre diene ich dir (wörtlich: als Sklave), und du hast mir nie einen Bock gegeben!« Der Vater ist bestürzt: Aber, mein Sohn, was mein ist, ist auch dein! Warum hast du denn nicht frei zugelangt? Warum siehst du mich als Tyrannen, dich als Sklaven? Dein Vater bin ich, sei doch endlich mein Kind. Kehr um in die Freude!

Das Handeln der »Reichsgottesarbeiter« – ist es *Pflichtethik* oder durchpulst von *Jesu Liebe*? – Die Pflicht fragt: Wer ist mein Nächster? (Der doch wohl nicht!); die Liebe schaut sich um: Wem kann ich Nächster sein? – Die Pflicht fragt: Was ist erlaubt (Mitteldinge!), die Liebe: Was dient der Sache, bringt vorwärts? – Die Pflicht sagt: Wie lange muß ich das und den noch ertragen? Die Liebe »duldet alles«. – Die Pflicht fragt: Wann ist's genug? Die Liebe sagt: Genug ist nicht genug! – Die Pflicht sagt: Mir stehen auch Rechte zu! Die Liebe will von der Gnade leben. – Die Pflicht will den Feierabend; der Liebe wird der Dienst zum Fest. – Die Pflicht will Ordnung; die Liebe erfindet phantasievoll Außerordentliches. – Die Pflicht hat feste Programme und Termine; die Liebe läßt sich gern stören. – Alle Pflicht braucht den Kompromiß; die Liebe geht aufs Ganze. – Alle Pflicht kommt ans Ende; die Liebe »höret nimmer auf«. – Die Pflicht sagt: Du, du, du... aber endlich auch ich, die Liebe: Du allein. – Die Pflicht fragt: Muß ich mich denn im Dienst meines Herrn »kaputtmachen«, aufreiben bis zum Herzinfarkt? Die Liebe weiß: Der Herr ist gut, in dessen Dienst ich steh'. Niemand ist um mein zeitliches Wohl und mein ewiges Heil zärtlicher besorgt als er. Er ist mein »Abba«, und wie eine Mutter tröstet er.

Liebe ist mehr als Tugend

»Tugend« meint Tüchtigsein, Starksein, Sich-selbst-Entfalten, moderner: Selbstfindung, Mit-sich-identisch-werden, Emanzipation. – »Fromm« gesprochen: Ich will eine geistlich durchformte, gereifte, geheiligte christliche Persönlichkeit werden, zu der andere aufschauen können. (Vielleicht schreibt gar einer eine Biographie über mich, die anderen Depressionen einflößt.) – Alle »fromme« Tugend zielt auf Selbstdarstellung (noch im Verwesen: ICH!); alle Liebe will Selbst-hingabe. – Die Rebe am Weinstock will sich entfalten. Aber es wird nur Wildwuchs daraus. Da schneidet der Winzer sie zurück, und sie wird fruchtbar. Selbstentfaltung heißt: Ich, die Rebe, will schön werden, rund, voll, bewundernswert. – Liebe heißt: Ich will in die Kelter, will Lebenssaft werden für andere.

Wer die biblischen Geschichten von Abraham, Elia, David, von Petrus, Paulus und anderen recht auslegen will, der beachte wohl: Sie sind nicht religiöse Biographien großer Gottesmänner (geschweige denn fromme

»Heldensagen« von »Glaubenshelden«); sie sind *»Theographien«*. Sie alle bezeugen: Gott schreibt auch auf krummen Linien gerade. Und der Griffel heißt Gnade. Wer anders deutet, verfälscht den Ton.

Liebe ist mehr als Lust

Das Lustprinzip (in jedem Augenblick gilt es, ein Maximum von Lust zu gewinnen) bestimmt weithin das Verhalten unserer Gesellschaft (Sexualität, Konsum, Gefälligkeitsdemokratie...). »Christlich« gewendet heißt es *Glücks*verlangen. »Jesus macht dich glücklich!« Ist das wahr? Ja, aber »unter ferner liefen« (»... so wird euch das alles zufallen« Mt 6,33). Und dieses Glück hat oft ein sehr anderes Gesicht als unsere Selbstliebe erträumt.

Der Vater des modernen Atheismus, Ludwig Feuerbach, hat die These vertreten: »Alle Gottesbilder sind nur die an den Himmel projizierten Wünsche der Menschen. Religion ist (was das Motiv angeht) Egoismus: der Mensch sucht sich selbst in und durch Gott«. Diese Verdrehung kann man letztlich nicht theoretisch widerlegen; sie kann nur dadurch überwunden werden, daß wir unter Jesu Augen von unserem Glück umgeleitet werden zu seiner Ehre. Es geht um die Reinigung unserer Gottesbeziehung von dem Glücksmotiv, das Gott zum Mittel unserer Zwecke, zum Sklaven unseres Egoismus degradiert. Da ist wirklich Exorzismus nötig! Das ist die höhnische Frage des Satans zu Beginn des Hiobbuchs (1,9): »Meinst du, daß Hiob Gott umsonst fürchtet?« Wer »Gott« sagt, meint doch gewiß (sagt Satan) den eigenen Profit, die Gaben, nicht den Geber. Laß uns die Probe machen! –

Luther hat dazu unüberbietbar Deutliches gesagt: Er spricht von Menschen, die »Gott mit der Liebe sündlicher Begier lieben«, d.h. um ihres Heils und um der ewigen Ruhe willen oder um der Hölle zu entgehen, d.h. nicht um Gottes, sondern um ihrer selbst willen. »Das ist die Stimme des Fleisches: Mein, mein, sagt sie. Räume dies mein hinweg und sag dafür: Ehre sei dir, Herr, und du wirst selig sein.« Die aber Gott wahrhaftig lieben »schicken sich freiwillig in jeglichen Willen Gottes, auch in die Hölle und den ewigen Tod, wenn es Gott so will, daß sein Wille völlig geschehe; so sehr suchen sie nichts von dem, was das ihre ist. Doch so, wie sie sich selbst dem Willen Gottes so ohne Vorbehalt gleichförmig machen, so ist's unmöglich, daß sie in der Hölle bleiben. Denn es ist unmöglich, daß außerhalb von Gott bleibt, wer sich dem Willen Gottes so völlig hingibt..., so ist er selig«.

Liebe, der Weg über allen Wegen, höher als Pflicht, Tugend, Glück. Diese sagen alle – lauter oder leiser – ICH; die Liebe aber ER, DU! – Solche Liebe kann man nicht befehlen, gar einprügeln, wie die Anekdote von Friedrich Wilhelm I., dem Soldatenkönig, erzählt. Bürger, die ängstlich vor ihm davonlaufen wollen, bekommen mit dem königlichen Knotenstock den Rücken durchgewalkt, und dabei heißt's im Rhythmus: »Nicht fürchten, lieben sollt ihr mich!« Liebe läßt sich nicht »einbleuen«. – Nur unter den Augen dessen, der sich nicht bedienen lassen wollte, sondern sein Leben als Lösegeld gab, der selbst die Agape ist, von der 1. Korinther 13 singt, kann die Liebe wachsen, die nicht das Ihre sucht (1.Kor 13,5).

Lebendige – nicht »lebhafte« Hoffnung

Mensch-sein heißt Hoffender-sein, belehrt uns die Psychologie. Die Öffnung nach vorne, das Aussein auf Zukunft ist (im Gegensatz zum Gegenwartswesen Tier) Grundmerkmal menschlicher Existenz, ist »existential«. Geboren zur Hoffnung ist der Mensch: völlige Hoffnungslosigkeit, total vermauerte Zukunft würde Tod bedeuten; ein Aufgeben der Hoffnung ist Selbstmord. Deshalb hält der Mensch fest an »Hoffnung wider Hoffnung« (so der Titel einer Fernsehuntersuchung über Todkranke, die alles auf ein mögliches Wunder, eine ärztliche Fehldiagnose, ein neu gefundenes Medikament, eine zusätzliche Frist von Tagen setzen). »Noch am Grabe pflanzt er die Hoffnung auf« (Schiller). Deshalb Hoffnungsphilosophie wie Platons Lehre von der unsterblichen Seele, Hoffnungsideologie wie Marx' neue Welt der klassenlosen Gesellschaft, deshalb Ernst Blochs »Prinzip Hoffnung«, das Drängen nach vorn als Geheimnis allen Seins. Eine Welt voller Hoffnung! Nein! Eine Welt voller Hoffnungslosigkeit! Schneidend ist hier das biblische Urteil. Dem, was der Mensch von Hause aus mitbringt, wird das Ehrenprädikat HOFFNUNG nicht zugestanden. Die »anderen« sind solche, die »keine Hoffnung« haben (1.Thess 4,13). Ostern oder Nihilismus lautet die biblische Alternative (1. Kor 15,19.32). Ohne Christus gilt das »Prinzip Hoffnungslosigkeit«. Die für die Bibel entscheidende Frage zielt nämlich auf die *Begründung* der Hoffnung: Ist sie fundiert? Daran scheiden sich Hoffnung und Illusion. Martin Kähler hat die

Unterscheidung getroffen zwischen »lebhafter« und »lebendiger« Hoffnung. *»Lebhafte Hoffnung«* sorgt sich nicht um das Fundament, sie berauscht sich am Ziel, ist Schwester des Wunsches, Tochter der Phantasie, lebt vom Traum und – versinkt im Nichts. Lebhafte Hoffnung ist wie Fieber, das den Kranken umso erregter werden läßt je höher es steigt und ihm oft kurz vor dem Ende rauschhaftes Wohlbefinden (Euphorie) vorgaukelt. – *»Lebendige Hoffnung«* aber hat der Mensch nicht von Geburt her, dazu muß er »wiedergeboren« werden (1. Petr 1,3). Sie gründet nicht in der psychischen Struktur des Menschen, sondern in der weltverwandelnden Tat Gottes: »Wiedergeboren durch die Auferweckung Jesu Christi«. Nicht existential ist sie, sondern Neuschöpfung, geschieht nicht in trotziger Rebellion vor dem Tod, sondern von jenseits des Todes, von Ostern her. Sie schaut auf den, der allein vom Tod als von Vergangenheit sprechen kann: »Ich *war* tot« (Offb 1,18) und uns nun in sein Leben einbezieht: »Ich lebe, und ihr sollt auch leben« (Joh 14,19). Luther: »Unsere Auferstehung... ist schon mehr als die Hälfte geschehen, weil unser Haupt da ist. Wie die Weiber sagen: Wenn bei einem Kindlein bei der Geburt der Kopf hervorgekommen ist, so hat's nicht mehr not«. Mit dem rechten Bein sind wir bereits aus dem Grab heraus. So lebt lebendige Hoffnung aus Christi Leben. Sie entspringt nicht als Wunschtraum aus der Leere der Gegenwart, nicht aus dem Hunger, der als Fata Morgana gedeckte Tische erträumt, greift nicht aus dem »Nicht« ins »Noch-Nicht« aus (E. Bloch), sondern lebt vom *Heute-Schon.* Schon ist der Heilige Geist da. »Angeld« nennt ihn Paulus (2. Kor 1,22; vgl. Röm 8,23): die erste Rate ist schon gezahlt, der

Rest garantiert! »Der große Trost ist, daß ein Christ schon im ewigen Leben steht, sofern er auf das Wort schaut.« Eben im Wort schaut uns aber Jesus Christus an. So geschieht unter seinen Augen Umkehr zur Hoffnung.

Lebendige Hoffnung – Abkehr vom »Prinzip Hoffnungslosigkeit«

a) Umkehr zur Hoffnung heißt *Abkehr von der Angst*

Unterwegs zur »Entmutigungsgesellschaft«?

Ein gigantischer Fuß zertrampelt unseren schönen Globus – das als Titelbild eines wissenschaftlichen Taschenbuchs. Im Jahre 2001 verhungert dein Enkel! – das als Plakat bei einer Demonstration junger Leute. Diese zwei Schlaglichter signalisieren einen Temperatursturz, einen geistigen Klimawechsel von unerhörtem Ausmaß: Aus dem Wunschtraum Zukunft wurde der Alptraum, aus Morgen – Abendrot!

Vorher hießen Buchtitel: »Die Zukunft hat schon begonnen« oder »Angriff auf die Zukunft«. Futurologie hieß die Devise. Wachstum das Zauberwort (immer schneller, größer, schöner, reicher...). Worte wie Tradition, konservativ, das Bestehende waren verpönt, jeder wollte zur Avantgarde gehören, dem Fortschritt den Weg bereiten. Theologen ließen den Existentialismus fahren und liebäugelten mit dem Neomarxismus: Die Achse Heidegger-Bultmann war abgenutzt, als Ersatz bot sich die Kombination Bloch-Moltmann an.

Da legen Naturwissenschaftler – nicht aufgeregte Sektenprediger, sondern Männer, die mit Computern arbeiten – eine Studie vor »Die Grenzen des Wachstums« (noch in überarbeiteter Fassung eine Statistik des Grauens). Sie rechnen die gegenwärtigen Trends (Bevölkerungsexplosion, Welthunger, Energieknappheit, Umweltverschmutzung...) hoch und prophezeien einen Kollaps unseres ganzen Weltsystems bis zum Jahr 2100. – Was fordern die Wissenschaftler? Umkehr, Buße und das schleunigst. Umkehr noch in dieser Generation, sonst wird der point of no return erreicht. Umkehr aus Selbsterhaltungstrieb, Umkehr zur Vernunft – jedenfalls Umkehr oder Untergang! – Die Chancen werden von vielen schlecht beurteilt: Weltweite Umkehr, Abkehr vom Idol des Lebensstandards, Umdenken für Industrienationen wie Entwicklungsländer! Kann man das erhoffen? Wird nicht eher der Weg der Verdrängung eingeschlagen (nur nicht dran denken), der Fatalismus um sich greifen (da kann man nichts machen!), werden nicht die Großmächte zu Gewaltakten ihre Zuflucht nehmen und auf Notwehr plädieren? Gehen wir – wie der Philosoph G. Picht meint – auf eine Entmutigungsgesellschaft zu? Leute, senkt die Köpfe, die Zukunft kommt! Sie drückt den Hals zu. Enge entsteht, Angst.

Unterwegs zum Advent!

Wenn aber dieses anfängt zu geschehen, dann seht auf und erhebt eure Häupter, weil sich eure Erlösung naht (Lk 21,28). Kopf hoch! Es ist Advent! Ich komme, nicht Hunger, vergiftete Luft – ICH! Lassen wir der

Welt die Vokabel Futur (das, was kommt, sich entwikkelt, Menschen machen), unser Wort für Zukunft heißt Advent. Eine Kirche, die nicht auf die Wiederkunft ihres Herrn wartet, hat... ihre Kraft verloren, so antwortet der Physiker C.F.v. Weizsäcker auf die Frage nach der Aufgabe der Kirche in der kommenden Weltgesellschaft.

Nicht das ist unsere Aufgabe, billiges Kapital zu schlagen aus der Zukunftsangst unserer Mitmenschen. Im Gegenteil: allem Fatalismus haben wir tapfer zu wehren. Unser Gott heißt nicht Futurologie und Statistik; Jesus Christus steht souverän über allen Hochrechnungen! Und keine Weltkatastrophe als solche ist schon die Wiederkunft! – Freilich ist es auch nicht unsere Aufgabe, billig zu vertrösten: So schlimm wird's nicht werden. Die Offenbarung des Johannes hat dunkle Farben auf der Palette; es gilt, sie ernstzunehmen.

Aber weit wichtiger als das Ernstnehmen ist das Frohnehmen – nämlich der Wiederkunft. Der Adventsruf »Ich komme bald« ist unabhängig von der jeweiligen Konjunkturlage der Welt, liegt jenseits von Zukunftsoptimismus oder -pessimismus. – Unsere Umkehr zum Advent kann gewiß nicht das Motiv haben, das die Futurologen empfehlen: Umkehr, um zu überleben, Umkehr aus Selbsterhaltungstrieb (wer sein Leben erhalten will...)! Umkehr zum Advent heißt Selbsthingabe an Jesus Christus und seinen Plan, heißt Umkehr in die Gelassenheit, daß es für Christen kein absolutes Unglück geben kann (alles muß uns dienen – zum Besten), Umkehr in die Nüchternheit, daß es nicht nötig ist, daß wir am Leben bleiben, aber unbedingt nötig, daß wir in allem Gottes Willen tun, Umkehr aus sektiererhafter Enge zu den universalen Heilsabsichten Gottes. Heraus aus Angst und Enge. Jesus ist nicht der große Kaputtmacher, sondern der große Neumacher, sagt Blumhardt. Daß er kommt, ist für uns, für alle Menschen, für die ganze Welt das bestmögliche. Laßt uns in eine Entmutigungsgesellschaft hineinrufen, den Kopfnickern, Kopfschüttlern, Kopfzerbrechern und Kopfsenkern zurufen: Kopf hoch, es ist Advent!

b) Umkehr zur Hoffnung heißt *Abkehr von der Spekulation*

Siehe, ich komme bald, spricht der lebendige Herr, und die Brautgemeinde richtet ihre Augen voll Sehnsucht auf ihn: Maranatha, ruft sie, Amen, ja, komm, Herr Jesus!, und ihre Augen sehen dabei niemand als Jesus allein. Weil es um ihn geht, auch hier um das SOLUS CHRISTUS, darum ist es nötig:

Abkehr von der Überbetonung der »Letzten Dinge«

Gewiß, wenn er kommt, gibt's auch aufregende Dinge, Ereignisse, die vorausgehen, begleiten, nachfolgen. Aber in der Mitte geht es nicht um diese eschata (Neutrum Plural!), sondern allein um den eschatos, den Letzten in Person und im Singular, um ihn, Jesus Christus selbst. Interessiert uns aber zuerst *das, was* kommt, statt *Er, der* kommt, dann füllen wir unsere Zeit mit rechthaberischem Streiten (mit unendlichen Diskussionen über Entrückungen, über den endzeitlichen Stellenwert bestimmter politischer Ereignisse, bzw. deren prophetischer Prognose, um einzelne Personen, denen man abwechselnd den Titel Antichrist verleiht...etc.). Das ist unheilvolle Akzentverschiebung: *Er* ist die Mitte!

Abkehr vom Mißbrauch der »Zeichen der Zeit«

Werden diese fahrplanmäßig aufgereiht, nach schon bzw. noch nicht erfüllt geordnet, dann kommt – groteskerweise und völlig widersinnig! – heraus: So bald kann er doch nicht kommen. Erst muß der eschatologische Zug doch noch Station 5,6,7 passieren. – Das NT aber kennt die unmittelbare Naherwartung (z.B. 1.Kor 15,51), die Reformation und der Pietismus haben sie auch gekannt. Wer umfälscht in eine Demnächsterwartung (frühestens übermorgen!), verdirbt mit seinem Kursbuch die Hoffnung.

Abkehr vom Mißbrauch der Schrift

In der Diskussion um die Letzten Dinge wird in frommen Gruppen gelegentlich ein Umgang mit der Schrift gepflegt, der sich als prophetisch versteht, sich aber strukturell und methodisch kaum von den Zeugen Jehovas unterscheidet. Die Bibel wird verstanden wie eine chaotische Aufhäufung von Puzzlesteinen, die wir durch raffinierte Kombination zu einem Gesamtbild zu ordnen hätten! Welch ein Gottesbild! Welch ein Schriftverständnis! Gott hat demnach seinen Plan fertig, nun zerstanzt er das Bild in viele Bröckchen, verstreut sie in Hesekiel, Daniel und anderswo und gibt uns schließlich – wohl als Beschäftigungstherapie – den Auftrag, das

Ganze sinnvoll zu rekonstruieren, wobei jeder sein Sonderfündlein einbringen darf. – So wird aus der Bibel, deren claritas (Klarheit) die Reformatoren nicht genug rühmen konnten – wohlgemerkt Klarheit von der Christusmitte aus! – ein apokalyptisches Orakelbuch für Eingeweihte! – Und: Wo bleibt bei solchem Forschen noch Zeit, Kraft, Liebe, Eifer für den einfältigen Missionsauftrag: Gehet hin... (Mt 28)?

Abkehr von spekulativer Überheblichkeit

Das Wort Spekulation kommt vom lateinischen speculum (= Spiegel) und ist beheimatet in der idealistischen Philosophie. Gemeint ist: Unser Denken fängt wie ein Spiegel die göttlichen Gedanken auf und bildet sie ab. Daraus folgt dann: Unsere Gedanken sind nicht seine Gedanken! Hier entsteht eine christliche Wissenschaft, die sich bereits im Schauen wähnt und zwischen den Eingeweihten, den mit endzeitlichen Geheimerkenntnissen Vertrauten, und bloß Glaubenden unterscheidet. Gruppen bilden sich um die Erleuchteten und schwören auf ihre Meister. Wieder tritt Gnosis an die Stelle der Pistis: Wissen statt Glaube. Wieder bilden sich fromme Parteien: Ich bin paulisch, ich apollisch, ich kephisch. – Da gilt: Kehrt um! Werdet doch einmal recht nüchtern und demütig! Meine Gedanken sind nicht eure Gedanken, spricht der Herr (Jes 55,8). Wer sich an Terminberechnungen versucht, übernimmt sich, will mehr können als Jesus (Tag und Stunde weiß nicht einmal der Sohn, Mk 13,32). Wachet, denn ihr wißt nicht, an welchem Tag... (Mt 24,42). Umkehr heißt: Schaut weg von euren Fündlein, schaut auf ihn!

Der Vater hat Zeit und Stunde seiner Macht vorbehalten (Apg 1,7). Das Wann, Wie, Was steht allein bei ihm! Im A.T. steht mehrfach das erstaunliche Wort von der Reue Gottes: Er verhängt ein Gericht, läßt es seine Boten feierlich proklamieren und – in unbegreiflicher, aber wundervoller, lebensrettender Inkonsequenz fällt er sich selbst in den Arm und schenkt Heil! Gott bleibt der souveräne Herr auch über sein Wort. So gewiß wir uns auf die Bibel verlassen dürfen, weil Gott treu ist, so gewiß ist er uns auch im Bibelwort nicht verfügbar, verrechenbar, gar manipulierbar. – Die Augen Jesu locken seine Gemeinde ins Warten. Wohl merkt sie auf das prophetische Wort, wohl achtet sie auf die Zeichen, die Risse im Gebäude der alten Welt, die längst baufällig ist und durch die schon das Licht des Neuen bricht. Doch sie wird nicht diese Risse meditieren, sondern aufschauen zu ihm, der da kommt, wird bitten: Dein Reich komme! und dazu: Dein Wille geschehe! womit alles, auch die letzten Dinge, ihm anheimgestellt sind. So ist Umkehr zur Hoffnung stets auch Abkehr von der Spekulation, die wohl zur lebhaften, aber nicht zur lebendigen Hoffnung gehört. Apokalyptik, die nicht »Christus allein« sagt, ist Schwärmerei. Christus allein – auch gegen meine Träume und Lieblingsmeinungen! – das ist der rechte eschatologische Vorbehalt. – Adolf Schlatter erzählt (in »Erlebtes«) vom Sterben seines Vaters: Als der alte Gottesmann auf seinem letzten Lager liegt, liest man ihm vor aus der Offenbarung von goldenen Gassen und Perlentoren. Laßt doch, sagt der Sterbende, was soll mir der Plunder, ich will doch nur eins: am Hals meines Vaters hängen (wie der verlorene Sohn). – Und der berühmte Sohn schließt seine Lebenserinnerungen: Mehr hat mir meine Theologie auch nicht gebracht. Und das ist mehr als genug.

c) Umkehr zur Hoffnung heißt *Abkehr von der Resignation*

Wenn morgen die Welt unterginge, würde ich heute mein Apfelbäumchen pflanzen..., das ist ein Satz von Martin Luther, nicht von Albert Camus. Bei Camus würde er besagen: Es ist zwar alles absurd, das Chaos bricht herein, aber ich setze dem mein irrsinnig trotziges Dennoch entgegen, schreie der Nacht mein Nein ins Gesicht, bevor sie mich verschlingt. – Bei Luther spricht nicht ohnmächtige Rebellion, sondern lebendige Hoffnung. Im Bild: Das Bäumchen, das ich jetzt im Namen Jesu in die alte Erde pflanze, wird seine Früchte tragen in der neuen Welt. So pflanze ich – nicht obwohl, sondern weil... weil Ostern geworden ist! Unbegreifliches Wunder: Ausgerechnet in einem Grab hat das neue Leben begonnen. Der auferweckte Leib unseres Herrn ist Erstling, erste Rate einer Totalerneuerung von Himmel und Erde. Tod, dein Lied ist aus: das alte monotone Lied, dessen unendlich viele Strophen auf den Refrain enden: Aus neu wird alt (aus Blüte Fäulnis, aus Kindern Greise, aus Leben Tod), dessen Grundton Verwesung hieß. Das Lied ist aus. Gottes Instrumente stimmen schon das neue Lied an: Verwandlung heißt sein Grundmotiv, aus alt wird neu, aus Tod Leben, aus Schande Herrlichkeit... Nun haben auch wir unsere Instrumente neu zu stimmen: Alte Töne wie noch (Noch gibt es Beter!), todsicher, frustriert (Alles ist eitel – frustra – vergebens) müssen schweigen. Nun klingt es: Schon rufen Menschen den Namen an, vor dem sich einmal alle beugen; das ist lebenssicher, oster-, auferstehungs-, christussicher, und nichts ist vergeblich, was im Namen Jesu geschieht (1. Kor 15,58). Nun ist die Welt nicht mehr ein Leichenfeld, sondern ein Gottesacker, voll von Ewigkeitssamen. Was wir in diesen Acker säen, mag verloren scheinen (Ich aber dachte, ich arbeitete vergeblich, Jes 49,4) – doch das Samenkorn verschwindet nur in der Erde, um zu neuem vielfältigem Leben zu erstehen. Weil Jesus lebt, weil Jesus kommt, können Christen frustrations-resistent sein, geimpft gegen das Gift der Resignation: Nichts ist vergeblich. Vom Beginn der Mission in Korea wird Folgendes berichtet: Es war vor 120 Jahren, als der erste Bote des Evangeliums dort Fuß fassen wollte. Ihm wurde die Einreise verwehrt. Er sollte auf das Schiff zurück. Doch er nahm seine Bibel und versuchte an Land zu schwimmen. Etwa zehn Meter vor der Küste wurde er erschossen. Im letzten Augenblick warf er die Bibel an Land. Ein Fehlschlag? – Zehn Jahre später kam der zweite Bote. Er dachte, er sei der erste. Doch er fand eine Gemeinde vor, eine kleine Kirche. – Die Bibel war angekommen. Der Todesschütze hatte sie vom Strand aufgenommen, und er wurde der erste Christ in Korea, das Werkzeug Gottes für die erste Gemeinde dort.

C. Buße – Gottes Geschenk an uns

Zum Schluß eine begriffliche Überlegung: Ist Buße Angebot oder Geschenk? – Das Wort *Angebot* hat einen

Zwillingsbruder mit Namen Nachfrage. Beide sind unzertrennlich. Wo ein Angebot nicht auf *Nachfrage* stößt, stößt es ins Leere! Das aber ist ja gerade die Freude eines evangelischen Predigers: Ich muß nicht warten auf eine religiöse Disposition des Hörers und bei ihr anknüpfen – das Wort schafft den Hörer selbst. Die religiöse (Nach-) Frage ist gerade nicht die Voraussetzung für das Evangelium. – Die nächste Verwandte des Wortes Angebot ist *Möglichkeit.* Auch diese hat eine Zwillingsschwester, die *Verwirklichung:* Wird eine Möglichkeit, eine Chance, nicht verwirklicht, ist wiederum alles verloren. Wer aber soll denn die Möglichkeit der Buße verwirklichen? Etwa der alte Adam, der doch in Sünden tot ist? Landen wir da nicht wieder bei den religiösen Imperativen: Du sollst, denn du kannst? In dieselbe Sippe gehört schließlich das Wort *Entscheidung.* Es findet sich in der Lutherbibel nirgendwo, ist aber (mit Schwester Möglichkeit) die Zentralvokabel des Existentialismus und so auch der Bultmannschen Theologie (der Mensch ist gerufen, angesichts der im Kerygma ihm angebotenen Möglichkeit, sich zu entscheiden und so zu seiner Eigentlichkeit zu finden). Eine echte Predigt aus diesem Lager gipfelt in dem Ruf: Entscheide dich – hier und heute! – Es ist ernster Nachfrage wert, warum so viele junge Theologiestudenten aus dem Raum des Pietismus den Weg in diese Theologie fanden. Haben sie da verwandte Töne zu hören gemeint? Hier ist Anlaß genug zur selbstkritischen Rückfrage: Pietismus, quo vadis? Pietismus, wohin des Weges? Entscheidend ist – und darin gründet alle Freude der Buße und alle Heilsgewißheit! –, daß Gott sich von Ewigkeit her für mich entschieden hat. Mir bleibt nur das dankbare, anbetende Ja zu dieser Entscheidung. Ich stelle mich unter sie und gebe ihr recht. Ich stelle mich auf sie und trotze allen Feinden in mir und um mich herum. Ich darf wegschauen von mir selbst (auch von aller anthropozentrisch am frommen Menschen orientierten Theologie), ich sehe niemand als Jesus allein. Das heißt Glaube. Buße ist Gottes Geschenk – das ist die ›Freude der Buße‹ (J. Schniewind).

Jesus provokativ – er stört uns

»Der Landsknecht verfluchte sein Pech. Immer mußte er unangenehme Kommandos haben, wenn einmal etwas richtig Lustiges in der Kaserne geschah. Er konnte die Lachsalven der Kameraden dort drinnen in der Wachstube hören, wo sie sich mit dem Judenkönig vergnügten. Und hier mußte er nun allein hinter ihm saubermachen.

Widerwillig nahm er die Geißel vom Steinpflaster hoch und schlug sie auf den Boden, damit das Blut und die Fleischfetzen abfielen. Die breiten Lederriemen knallten hart, und die Bleistücke, die in die Enden eingeknüpft waren, prasselten auf die Steine. Er sah sie prüfend an, fand sie annehmbar und trug sie an ihren Platz unter der Treppe. Dann begann er den Pfeiler abzuwaschen, an dem der Gefangene gestanden hatte, und schließlich hatte er noch den ganzen Hof zu kehren. Er steckte den Schwamm an einen Stock und zog ihn auf den Steinplatten hin und her. Es war merkwürdig, wie weit das spritzen konnte, wenn jemand eine Geißel mit dem rechten Nachdruck schwang. Endlich hatte er alles zusammengefegt und füllte die Schaufel mit einem schmutzigen Brei von Sand, Wasser, Blut und Hautfetzen, die er in die Ablaufrinne kippte. Dann schleuderte er die Putzgeräte in die Rumpelkammer, strich sich die Schweißtropfen aus der Stirn und eilte zu den anderen in die Wachstube. Da drinnen war ein unbeschreibliches Juchhe.« (aus Bo Giertz, Mit eigenen Augen).

Man muß schon ziemlich abgebrüht sein, wenn einen das nicht packt. Dabei wird ja nicht etwa die Geißelung erzählt, sondern nur das Saubermachen danach, – erzählt nicht etwa mit den Augen der Mutter Jesu, sondern aus der Sicht eines hartgesottenen Soldaten, der nur den einen Kummer hat: Ich komme zu spät zum gemütlichen Teil. Da möchte man in die Menschheit hineinrufen: Warum habt Ihr ihn so brutal zu Tode gefoltert? Woher dieser Sadismus, und wohin alle Humanität? Was hat er Euch getan? Die Antwort: dieser Jesus stört, er provoziert uns.

Nur für Sünder

Am Anfang der Jesusgeschichte wird uns – ganz programmatisch! – von seiner Versuchung berichtet. Um messianische Versuchung geht's da, d.h. der ganze Auftrag Jesu steht auf dem Spiel. Und alle taktischen Maßnahmen des Satans zielen auf *einen* Punkt: Das Kreuz muß verhindert werden!

»Jesus«, so der Versucher, »ich habe dir eine großartige Erfolgsstrategie anzubieten, drei todsichere Tips. Folge mir, und alle, alle werden dir folgen! – Spürst du den Hunger in deinem Magen? Siehst du die Steine ringsum, eine Wüste voller Steine? Mach Brot daraus! Laß die Wüste leben und die Menschheit dazu! Die Grundfrage der Menschen ist nämlich die nach dem *Unterhalt*, die Magenfrage.« Ich möchte mich in das Gespräch einmischen, möchte Jesus zuflüstern: Herr, ja das ist's. Das tu. Mir stehen Bilder aus Indien vor Augen: eine allmorgendliche Müllabfuhr; die Leichen der über Nacht Verhungerten werden abtransportiert. Ja, Herr, der Brecht hat recht: Erst kommt das Fressen, dann die Moral! Lös die Magenfrage! Erschrocken höre ich, wie Jesus deutlich Nein, sagt. Nein sagt er!

Provoziert Sie das?

»Jesus«, meldet sich der Satan wieder, »hör zu, mein zweiter Rat: So wichtig wie der Unterhalt ist die *Unterhaltung*. Nichts ist für die Menschen schlimmer als Langeweile. Die macht nervös, aggressiv. Spring von der Zinne des Tempels, faszinier die Menge durch Sensationen, werde ihr Super-Star! Fülle den Magen und das Hirn, gib Brot und Spiele. Und alle, alle folgen dir.«

Da kann ich nicht schweigen: Ja, Herr, sage ich, das ist's! Das tu! Haben nicht im Fernsehen die Unterhaltungssendungen die höchste Einschaltquote (die Shows, die Krimis, die Quizspäße, das Ohnesorgtheater)? Bekommen nicht die Stars und Entertainer die höchsten Gagen? Wer übertrifft sie an Popularität? Herr, der Tip ist gut! Mehr noch: Ich denke an all den Leerlauf bei jungen Menschen: an Alkoholismus, Drogenwelle, Sexneurosen!

Da ist z.B. ein begabter Abiturient aus begüterter Familie. Einen eigenen Wagen besitzt er, einen eigenen Videorecorder, eine kesse Freundin – und begeht Selbstmord. »Was soll denn noch kommen außer Leerlauf?« fragt er in seinem Abschiedsbrief. Herr, löse sie – die Frage nach der Unterhaltung, tiefer noch: die Sinnfrage!

Ich zucke zusammen, als ich deutlich Jesu zweites Nein höre. Nein, sagt er!

Provoziert Sie das?

Noch einmal der Satan: »Jesus, beachte meinen dritten Vorschlag. Unterhalt und Unterhaltung sind gut, doch *etwas Haltbares* gehört dazu. Stabile Verhältnisse (gesellschaftlich, politisch)! In einer Vision zeige ich dir den ganzen Globus – schaff darauf ein Weltfriedensreich!«

Ich kann nicht an mich halten: »Das, Herr, mußt du unbedingt tun. Denk an den ideologischen Streit und die Rüstungsexporte, denk an das Nord- Süd-Gefälle! Denk an allen mörderischen Imperialismus und Rassismus, an Folter und Terror! Denk an die Eskalation im Bevölkerungswachstum, im Energieverbrauch, in der Umweltverschmutzung. Herr, die Welt wird unregierbar. Herr, nimm den Globus in deine Hand, schaff etwas Haltbares. Das ist's! Das tu!«

Geradezu geschockt vernehme ich Jesu drittes klares Nein! Nein, sagt er an dieser Stelle.

Provoziert Sie das?

»Herr, ich verstehe dich nicht: Alle Menschen satt, alle zufrieden, alle in Sicherheit. Was soll denn sonst wichtig sein?«

Aber nun macht mir Jesus deutlich, geduldig und behutsam: Hinter dem dreifachen Nein steht nicht die Verachtung all dieser Nöte.

Die *Unterhaltsfrage* ist ihm nicht belanglos (hat er doch selbst gehungert und Hungernde gespeist), die *Unterhaltungs-*, die Sinnfrage ist ihm nicht gleichgültig (hat er doch Menschen zu sinnvollen Aufgaben gerufen: Folge mir nach!), die Frage nach dem *Haltbaren*, die Macht- und Friedensfrage ist ihm nicht unwichtig (ist er doch selbst unschuldig zu Tode gefoltert worden, hat er doch selbst gesagt: Selig sind, die Frieden machen).

Diese Nöte sind keine Bagatellen, um Tod und Leben geht's da! Aber diese Nöte sind für Jesus Symptome der einen Not, in ihnen meldet sich der tiefste Krankheitsherd. Wird der nicht besiegt, dann wäre alles Symptom-Pfuscherei (wie wenn ein Zahnarzt die Karies mit Schmerztabletten statt mit dem Bohrer behandeln wollte). Die Mitte, der Krisenherd, die Brutstätte, heißt: die *Schuldfrage*. Das ist die Diagnose Jesu.

Ganz hart und steil stellt er das Wort Sünde in den Raum, unbekümmert, ob wir das shocking, unmodern, ja unzumutbar finden. Diese »Absonderung« von Gott ist der Herd aller Todesmetastasen. Wer die Magen-, die Sinn-, die Friedensfrage stellt, ohne die Schuldfrage in der Mitte, der denkt »anthropozentrisch«, denkt von den Sehnsüchten und Bedürfnissen des Menschen her. Der tut so, als ob wir - wie Rebellen gegen Gott - noch irgendein anderes Recht vor Gott anmelden könnten, als das Recht auf unsere Hinrichtung. Das »Recht« auf Leben, Glück, Frieden - wir haben es verspielt.

Die Schuldfrage aber ist »theozentrisch« gestellt, da steht Gott und sein heiliger Anspruch im Zentrum. Würde ich die Magen-, die Sinn-, die Friedensfrage anfassen an der Schuldfrage vorbei, wäre das Verrat an meiner Sendung, wäre das Anbetung des Satans. Das Kreuz bleibt mir dabei gewiß erspart, aber euch bliebe das wahre Leben für immer verschlossen. Das ist meine Diagnose, sagt Jesus, meine Therapie aber heißt: Ich sterbe für euch.

Mein dreifaches hartes Nein
kommt aus dem tiefen Ja zu euch!

Wer ist dann Jesus, und was bedeutet sein Tod? Ich wage ein Bild: Ich stelle mir vor, Sünde wäre wie Altmetall, Schrott (jede Sünde ein Klumpen). Ich stelle mir vor, man würde alle Sünden aller Generationen und aller Kontinente aufhäufen - welch ein gigantischer Berg. Ich stelle mir vor, diese Masse würde eingeschmolzen, eine Plastik daraus gegossen. Wie würde sie aussehen - diese Figur aus nichts als Sünde? Natürlich die Visage eines Hitler, nein, die Fratze des Teufels selbst, meint da jemand. Das Neue Testament sieht das anders (Gal 3,13; 2.Kor 5,21): Das Bild des gekreuzigten Jesus käme heraus, in ihm, der Sünde in Person, faßt sich alle Schuld der Menschen zusammen. Und diese Sündenperson Jesus wird von Gott verflucht, verdammt, gerichtet. Gott stellt sich gegen Gott, der Vater gegen den Sohn - aber das alles für uns. In Jesu Sterben ist unsere Sünde vernichtet. Das ist Diagnose und Therapie Gottes, anders ist der Menschheit nicht zu helfen. Nur Vergebung ist noch möglich. Provoziert uns das? Beleidigt das gar unsere Menschenwürde? Sind wir so sehr verloren, um so (nur so) gerettet zu werden? Im Nazireich sind mehrere Pfarrer der Bekennenden Kirche im Zuge unterwegs zu einer wichtigen Sitzung. Im Abteil ist noch ein Platz frei: Unvorstellbar, wenn da ein Fremder, gar ein Spitzel zustiege und die Gespräche belauschte. Man versucht, für den leeren Platz eine Fahrkarte zu kaufen und ihn so zu reservieren. Aber das ist unmöglich. Da öffnet einer der Pfarrer seine Aktentasche und entnimmt ihr ein Buch. Bei jeder Station preßt er das Buch mit der Titelseite gegen die Glasscheibe des Abteils. Und, sieh da, niemand möchte zusteigen, niemand sucht Eintritt in diese seltsame Gesellschaft. Wie der Buchtitel lautet? Auf rotem Grund war in schwarzen Buchstaben grell herausgehoben: Nur für Sünder (frei erzählt nach H. Fuchs, »Nur einer kann helfen«).

Jesus provoziert uns! Für Sünder ist er da, nur für Sünder, für Sünder exklusiv. Wer nicht Sünder sein will, findet keinen Zugang zu Jesus. Jedes Jesusbild, das nicht den »Sünder-Heiland« zeigt, ist Karikatur. Stört uns das?

Nur ich!

Mittagessen im Selbstbedienungsrestaurant! Spruchbänder machen Reklame: »Hier ist jeder sein eigener Koch!« »Jeder komponiert sein Menü selbst!« An einer langen Theke geht man entlang und »komponiert« ganz nach Belieben. Was macht's, wenn der Herr am Nebentisch Heringsalat und Erdbeerpudding miteinander verrührt? »Jedem nach seinem Geschmack?« Es ist verführerisch, in Fragen des Glaubens und der geistigen Orientierung entsprechend zu denken. Religionsunterricht in der Schule würde dann eine voll bepackte Theke bedeuten, die alle Religionen, Ideologien, Weltanschauungen, philosophischen Modelle, pädagogisch schmackhaft zubereitet, anbietet. Man kann dann mit seinem Tablett entlanggehen und sein Menü ganz unbefangen zusammenstellen: Ist am Anfang als Aperitif ein scharfer Schluck Maoismus gefällig? Dann dünner Idealismus als Vorsuppe. Zum Hauptgericht ein saftiges Stück Christentum, je nach Wunsch mit marxistischem Paprika oder sanfter Hippie-Soße. Als Dessert wäre Transzendentale Meditation zu empfehlen.

Und nun: »Jesus provokativ«! Er stört auch hier. Mit einer Handbewegung fegt er unser raffiniertes »Tutti-frutti« vom Tisch und sagt: »Ich bin das Brot des Lebens«. »Ego eimi«, heißt's im Griechischen. »Ich bin's.«

Das Leben, die Wahrheit, *der* Weg. Ich, nur ich, ich allein, ich, ganz exklusiv. »Ego eimi!«

Provoziert Sie das?

Daß ich wählen kann, das steht mir doch zu, ist mein demokratisches Grundrecht. Jesus sagt: »Bei mir nicht! Ich werde nicht gewählt, ich wähle meinerseits. Ich bin nie Objekt eurer Wahl, ich bin stets Subjekt. Ich bin nicht ein Artikel unter Tausenden im Warenhaus eurer Welt. Es ist keineswegs so, daß ich glücklich sein müßte, wenn clevere Religionsmanager für mich noch eine Marktlücke ausfindig machen. Bei mir stellt sich nicht das Angebot auf die Nachfrage ein. Ich wähle.«

Es ist also nicht so, daß jemand heute auf den spleenigen Einfall kommen könnte: Versuch ich's doch mal mit dem Christentum. Probier ich doch mal Jesus aus! Christ wird nur, wen dieser Jesus so ruft, so von innen überzeugt (nicht etwa von außen vergewaltigt!), daß er nicht mehr anders kann, als Jesus nachfolgen, weil er alle anderen Wege als Holzwege erkennt. Christen sind nicht Menschen, die sich Jesus erobert haben, sondern solche die vor ihm kapitulierten. Um es provokativ zu sagen: Wer noch etwas anderes werden kann als Christ, wer noch herumbummeln mag auf dem freien Markt der Möglichkeiten, der soll's ja tun!

Niemand muß Christ werden. Jeder hat das Recht, sein selbstgewähltes Menü auszulöffeln. Nur - dies »Ich bin!«, dies »Ego eimi« bedeutet: Ich allein gebe Leben, alles andere bringt nicht nur Magenkrämpfe, sondern den Tod. Paulus spitzt zu: Wer nicht an den auferweckten Christus glaubt, mag gleich das alte heidnische Schenkenlied anstimmen: »Laßt uns essen und trinken; denn morgen sind wir tot« (1.Kor 15,32). Jesus oder das Nichts, heißt die Alternative. Provoziert Sie das?

In diesen Tagen hatte ich ein Gespräch mit einem jungen schwarzen Christen aus Nigeria. Fassungslos steht er vor der Erscheinung des Terrorismus in Deutschland. In Afrika oder Lateinamerika könne er das von den sozialen Verhältnissen her verstehen. Aber: »Was ist los mit Euch Deutschen?«

Wir haben miteinander nicht nach Ursachen, sondern nach dem Grund gesucht und kamen auf folgende Antwort: Da kommt ein Volk aus einer Epoche, in der jemand aufstand und rief: »Ich bin's! – das Leben, die Rettung«. Und eine Nation antwortete: »Sieg, Heil! Führer befiehl, wir folgen dir«! Dieser »Heiland« zettelte einen Weltkrieg an, ließ Millionen Juden ermorden, – die Welt ringsum traute Augen und Ohren nicht.

Auf diesen ersten Akt folgte nach Blut und Tränen, Scherben und Trümmern ein »Wunder«, das wieder die Welt kopfstehen ließ. Das Deutsche Wirtschaftswunder! Zauberworte wie »Wachstum« und »Bruttosozialprodukt« gingen um. Versandhauskataloge schwollen auf 1000 Seiten an! Es gab den Rausch der Steigerung, die Ideologie der Komperative: Immer mehr, besser, schneller, schöner, reicher, gesünder, bequemer... Was aber ausblieb bei diesem zweiten Akt, war die Umkehr einer ganzen Nation, das allumfassende Bekenntnis: »Vergib uns unsere Schuld«; was ausblieb, war die Heimkehr zu Jesus Christus: Ein Vakuum entstand, in das die widerstreitenden Ideologien strömten.

Jetzt stehen wir im dritten Akt: »Ein Empfinden der Sinnlosigkeit wird immer stärker« (C.Fr. von Weizsäcker); Jugendalkoholismus, Rauschgiftwelle, Prostitution.

»Was ist los mit Euch Deutschen?« fragte der nigerianische Freund. Wir entdeckten miteinander: Ein Volk ist krank, von Fieber gepackt. Und nun steht der Eine da und meldet sich: »Ego eimi«. Ich bin der Heiland, der Retter! Das muß deutlich gesagt werden. Entweder gibt's in unserem Volk (aus dessen Geschichte sich auch die Jüngsten nicht herausstehlen können), in der jungen Generation einen Neuanfang, Rückkehr zu Jesus Christus oder aber es gibt fortdauernde Vergiftung, Todeskampf, Agonie. Christus oder Chaos - lautet die Alternative! Tertium non datur, sagt der Lateiner. Ein Drittes gibt es nicht. Provoziert Sie das?

Nur Nachfolger gesucht!

Da hat einer diese Worte »Ich bin's!« gehört, kommt gelaufen mit raschem Puls und glitzernden Augen: »Herr, du faszinierst mich!« ruft er von weitem schon. »Ich setze auf dich, finde dich toll, ganz große Klasse!« Jesus aber sagt: »*Fans* brauche ich nicht!«

Fans sind hingerissen von Begeisterung, trunken von Emotion. Fans stürmen nach einem Popkonzert die Bühne, reißen ihrem Star das durchschwitzte Trikot vom Leibe, hängen es gerahmt an die Wand. Fans (das Wort ist ja von »Fanatiker« hergeleitet) überspringen im Taumel die Wirklichkeit. Wie jenes junge Mädchen, das an der Leiche »ihres« Elvis Presley die Journalisten anfuhr »Schreiben Sie ja nicht, er sei fett geworden. Was man hier fotografieren kann, das stimmt nicht. In Wahrheit sieht er ganz anders aus...«, und sie holt ein Jünglingsfoto des Stars hervor. Fans sind realitätsblind.

Ob es Jesus-Fans gibt? Leute, die beständig happy und high sind, »Halleluja« schreien und in ihrer »Apfelsinentheologie« alles in Orange sehen? »Jesus - besser als LSD«. Aber Jesus sagt: »Fans brauche ich nicht. Ich bin kein Superstar, der von der Ekstase seiner Anhänger lebt. Ich suche nicht gefühlsmäßig Berauschte. Nachfolger rufe ich, Zeugen, Märtyrer, wenn's hart kommt. Wer sein Leben (bzw. sein Idol) mehr liebt als mich, ist mein nicht wert.« Jesus sucht für die kommenden Jahrzehnte Menschen, um sie feuerfest zu machen, konzentrationslagerbereit, hirnwäschestabil. Jesus ist nicht Star für Fans.

Provoziert Sie das?

Da kommt ein zweiter. Die randlose Brille, die allmählich sich lichtende Haarpracht zeigt den intellektuellen Typ: »Jesus, ich habe die Bergpredigt studiert (im Urtext sogar), habe sie lange reflektiert. Welch ein ethischer Entwurf! Manna für mein Gehirn...« Jesus bleibt gelassen: »*Sympathisanten* suche ich nicht.« Fans sind emotional berauscht, Sympathisanten intellektuell elektrisiert. Wenn Fans johlend die Bühne stürmen, steht der Sympathisant mit dem Fernglas hinter der Gardine. Zuschauer bleibt er, findet die Bewegung interessant. Aber er wird sich nie die Hände schmutzig machen, wird nie sein Leben riskieren. Er liebt bloß per Distanz. Jesus sucht nicht Sympathisanten, er ruft Menschen, die sich senden lassen »wie Schafe zwischen die Wölfe«. Jesus ist nicht intellektueller Anreger für Sympathisanten.

Provoziert Sie das?

Da purzelt der dritte herein, etwas korpulent, schon außer Atem. So ist er gelaufen, mitgelaufen, nachgelaufen. »Ich habe eine Freundin, die sagt: Jesus ist wichtig. Um ihretwillen komme ich. In unserer Schule gibt's einen Gebetskreis, der ist mächtig schick. Sogar der Primus macht mit. Jesus, du bist ›in‹ bei uns. Da werd' ich doch nicht im Abseits stehen.« – Wieder Jesu ruhige Stimme: »*Mitläufer* suche ich nicht.« Ebbt die Jesuswelle ab, ist er mit der Strömung verschwunden. »Ich auch« ist sein Lieblingswort, »mit« die Präposition, die er über alles schätzt. Wie ein toter Fisch treibt er mit dem Fluß.

Schon zu Jesu Lebzeiten folgt der Jesuswelle die Ebbe. Steht nun Jesus da und beschwört die Zwölf: »Ihr meine Getreuen, laßt wenigstens ihr mich nicht im Stich?« Ringt er beschwörend die Hände wie ein Vereinsvorsitzender, dem die Mitglieder weglaufen? Nein, er breitet die Arme aus, öffnet den Horizont nach Ost und West, Nord und Süd: »Bitte, wollt ihr nicht auch weggehen, ihr auch mit den anderen?« Jesus sucht Leute, die dann antworten: »Herr, wohin denn? Die Welt, so weit sie ist, ein Gefängnis ist sie ohne dich! Das Leben, so bunt es ist, nichts als Tod ist es ohne dich! Herr, als du für mich starbst, habe ich meinen Wert entdeckt: Einen Christus bin ich bei dir wert. Schick mich nur nicht fort.«

Zeugen sucht Jesus, nicht berauschte Fans, deren Gefühl braust, nicht interessierte Sympathisanten, deren Hirn tickt, nicht verschwitzte Mitläufer, die »Ich auch« flüstern.

Nachfolger sucht er (»der nehme sein Kreuz auf sich«), Märtyrer, wenn's darauf ankommt. »Sei ganz sein oder laß es ganz sein!« sagten die Väter im Glauben.

Provoziert Sie das?

Die Jesus-provokation

»Nur für Sünder!« - »Nur ich!« - »Nur Nachfolger gesucht!« - drei provozierende Sätze. Es ist seltsam mit der Vorsilbe »pro«. Beim Stichwort »pro-testieren« etwa denken die meisten an Dagegen-sein (Contra). Worte wie »Krach-schlagen«, »Nein-schreien« fallen ihnen ein. Spruchbänder mit aggressiven Parolen sehen sie vor sich. Aber pro-testieren (lateinisch: testare pro) heißt: *Für* etwas Zeugnis ablegen. In diesem Sinne möchte ich »Pro-testant« sein, einer, der für Jesus die Stimme erhebt.

Bei »pro-vozieren« ist's ähnlich. Viele assoziieren da »ärgern, reizen, stören, erzürnen, in ein Wespennest stechen...« Aber pro-vozieren (lateinisch vocare pro) heißt = nach vorn rufen. Leute, die irgendwo hinten sitzen, noch schlafen, in Verstecken hocken, Zurückgebliebene, Hinterwäldler und Hinterbänkler nach vorn rufen. Provozieren heißt: »Kommt doch endlich!« Provozieren heißt: Die ewig Gestrigen hineinrufen in die Zukunft, die Jesus Christus heißt. Mit Schrecken höre ich manchmal Christen sagen: »Wie schön, daß es noch junge Menschen gibt, die die Bibel lesen!« Wieso »noch«? Sind denn Christen schon überlebte, »museumsreife Antiquitäten«, »Leitfossilien« für Archäologen und Archivare?

Weil Jesus die Zukunft gehört, darum gibt's *schon* Christen. Weil Jesus die neue Welt schafft, darum sind Christen Avantgarde, nicht Nachhut, tragen dem Neuen die Fackel voraus, nicht dem Alten die Schleppe nach.

So möchte ich Sie nach vorn rufen, vorwärts in das lohnende Leben. Das Morgen und die Ewigkeit gehören einem Wort, einer Vokabel: Ein Name, zwei Silben, fünf Buchstaben:

JESUS. Das ist alles? Alles!

Ob Sie das »pro-voziert«?

Wie kann Gott das zulassen?

»Die Theodizeefrage, die Frage, wie sich Gott, der Gerechte und der Liebende, zusammendenken läßt mit Ungerechtigkeit und Leid in der Welt, - die Theodizeefrage ist der Stachel des Atheismus, aber auch der Stachel des Glaubens.« So sagt ein Theologe unseres Jahrhunderts. Man kann das auf doppelte Weise verstehen.

Zuerst: Der Stachel, der im Fleisch sitzt, schmerzt, verursacht eitrige Entzündungen. Es ist jener Stachel, der weder dem Atheismus noch dem Glauben satte Ruhe gestattet, der beiden jede ideologische Sicherheit vergiftet. Dann auch: Der Stachel - etwa der Dorn eines Eseltreibers – der den Atheismus, aber auch den Glauben hervortreibt, in Gang setzt, der Menschen entweder mit Hiobs Frau schreien läßt: »Sage Gott ab!« oder dem Beter von Psalm 73 nachstammeln lehrt: »Dennoch bleibe ich stets an dir.«

Umschau

Die Theodizeefrage hat sich in der Geschichte zweifellos als Stachel erwiesen, hat das Denken vorwärtsgetrieben zu verschiedenen *Lösungsversuchen*, zu gedanklichen Modellen, die das Problem meistern möchten wie eine Mathematikaufgabe, zugleich aber auch zu *Erlösungsversuchen*, zu Unternehmungen, die das Problem mit Tatkraft anpacken, durch Praxis aus der Welt schaffen möchten. Wir mustern einige Versuche.

»*Womit habe ich das verdient?*« Hinter diesem Satz steht eine juristische Logik: Persönlichem Leid muß persönliches Vergehen vorausgegangen sein. Doch so springt die Tür nicht auf. Wohl kennt die Bibel den umfassenden Zusammenhang von Schuld und Übel, beide beieinander in der gefallenen Welt, aber sie verbietet alles individuelle Verrechnen. Hiobs Freunden, die mit Bravour die Vergeltungs-Mathematik beherrschen, wird der Mund gestopft, und die Frage, ob beim Blindgeborenen der Embryo im Mutterleib oder die Eltern gesündigt hätten, weist Jesus zurück. Gott ist nicht der Oberingenieur dieses Schuld-Strafe-Mechanismus!

»*Wer weiß, wofür das gut ist?*« Hier wird die Logik zum Pädagogen. Alles Leid hat erzieherische Absicht. »Frag nicht warum, frag wozu!« Doch auch bei diesem Schlüssel sperrt die Tür. Wohl gibt es Christen, die im nachhinein sagen können, der holperige Weg war in Wahrheit der ebenste, beste. Ich weiß von einer behinderten Christin, die dankbar sagte: »Ohne dies wäre ich meinem Gott über Hecken und Zäune davongesprungen.« Doch keiner von uns kann Gottes Gedanken so gouvernantenhaft plausibel enträtseln. Wer wollte wagen, das Verhungern von Millionen zu erklären, das Sterben von Tausenden bei einem Erdbeben pädagogisch aufzuschlüsseln! »Wir sind nicht Gottes Geheimräte« (Blumhardt).

»*Das müßte doch mit dem Teufel zugehen.*« Verlockend, dieser Versuch. Für Sonnenschein im Urlaub ist der liebe Gott zuständig, für Zahnschmerzen und Liebeskummer der Satan. Bei reicher Ernte sitzt Gott selbst auf dem Wagen; bei Mißwuchs und Seuche riecht man Höllenschwefel. Die Tür klemmt weiter. Gewiß, die Bibel weiß von dem Zerstörungswerk des Teufels, kennt den dämonischen, den geheimnisvoll-unheimlichen Hintergrund der Weltgeschichte, aber dennoch gilt, was Luther sagt: Der Teufel bleibt, bei aller Rebellion gegen Gott, Gottes Teufel, und sein schmutziges Werk liefert letztlich »Düngermist für Gottes lieben Weinberg«. Die Bibel kennt nicht den heidnischen Dualismus von Licht-Gott und Finsternis-Gott. Wohl wird Paulus von des Satans Engel geplagt. Aber die Adresse seines Gebetes ist der Herr, und der sagt: »Meine Gnade ist genug für dich« (aus dem Griechischen übersetzt nach 2.Kor 12,9). Unsere Schlüssel zerbrechen. Die Theodizeefrage wird nicht ausgerechnet wie eine arithmetische Aufgabe, bei der man am Schluß das Heft zuklappt mit der Bemerkung: alles klar!

Erlösungsversuche oder »Mit unserer Macht ist nichts getan« Modell Kain

Albert Camus hat Kains Tat gefeiert als Aufstand gegen das alte System, als Aufstand für eine bessere Welt. Mehr Gerechtigkeit steht auf Kains Axt. Diese Axt sieht Camus in immer neuen Variationen am Werk bei aller gewaltsamen Veränderung der Welt. Axt, Hammer, Schwert, Bomben wollen Heil schaffen. Neues wächst aus den Trümmern. Aus einem Meer von Blut steigt das neue Jerusalem.

Modell Faust. Neben den Revolutionär tritt der Technokrat (vgl. in Faust II das Projekt der Landgewinnung aus dem Meer), der Wissenschaftler. Von der roten Fahne wendet man sich zum weißen Kittel. Dabei suchen heute, vom Zukunftsschock gepackt, viele die Rettung nicht mehr beim technischen Fortschritt, sondern eher bei den Humanwissenschaften. Hält der Psychologe, der Pädagoge, der Verhaltensforscher, der Ernährungswissenschaftler die Lösung, die Erlösung bereit? Wenn Christen hier Nein sagen, dann nicht als die ewigen Miesmacher. Sie sagen Nein, weil sie beim Kreuz Christi Position gefaßt haben. Richtig, Kain und Faust, um *Er-Lösung* geht's; radikale Verwandlung ist nötig, nicht nur Neuinterpretation. Doch eben diese Verwandlung schafft Christus allein. Wenn er für diese Welt sterben mußte, wenn ihr anders nicht mehr zu helfen war, dann wird hier deutlich: Alle Selbsthilfe des Menschen greift ins Leere, kommt eine Ewigkeit zu spät, darum kommt unser Nein von dem Ja. Es kommt von Karfreitag, von Ostern her.

Die biblische Sicht

Hilfreich zum Öffnen der Tür scheint mir eine Unterscheidung Luthers. Er spricht vom *Welthandeln* Gottes, von Gottes Wirken in Natur, Geschichte, Menschenleben. Und er spricht von Gottes *Heilshandeln.* Das wird uns in der Bibel bezeugt und läßt sich in einem Namen zusammenfassen: Jesus. Dabei geht es um *einen* Gott, aber um *zwei* Weisen seines Handelns. Von dieser Schlüsselerkenntnis gehen wir aus.

Ich glaube an Gott, den Allmächtigen. Allmacht bedeutet nicht: Gott kann alles, was er will, bzw. könnte alles, wenn er nur wollte. So stellt sich Klein-Fritzchen Gott vor, wenn er kritisch überlegt, ob der Allmächtige auch einen so großen Stein schaffen könne, den er am Ende selbst nicht mehr zu heben vermag. Nicht von Möglichkeiten und Eventualitäten spricht das Wort »Allmacht«, sondern von Wirklichkeit. Als der Allmächtige ist Gott der Allwirksame. Bestürzend deutlich sagt das der Prophet Amos in Kapitel 3,6: »Ist etwa ein Unglück in der Stadt, das der Herr nicht tut« (nicht etwa »zuläßt«)? Gott ist am Werk in allem, was geschieht, in Sonnenschein und Wolkenbruch, bei Geburt und Sterben, in Frieden und Krieg, im Jubel und im Schrei. Von diesem Gott in seinem Welthandeln sagt Luther: »Er ist der Verborgene.« Nicht in dem Sinne verborgen, daß man ihn nicht zu spüren bekäme, aber so, daß uns der Sinn seines Handelns verhüllt, daß sein Herz versteckt bleibt. Wenn ich von der Beobachtung dessen, was in der Welt geschieht, etwa von einer abendlichen Tagesschau her, auf Gott schließen will, dann entsteht ein tief zwiespältiges Bild. Schon wenn ich ein Spinnennetz betrachte, stehe ich vor dem Rätsel: Ist das ein wundervolles Kunstwerk oder ein raffiniertes Mordinstrument? Wie muß Gott geartet sein, was muß er mit mir vorhaben, der Gott hinter dem Spinnennetz? Unsere Welterfahrung ist ganz widersprüchlich: Hell und Dunkel - Plus und Minus prallen hart aufeinander. Wer vor diesem Widerspruch, dieser Zweiheit, stehen bleibt, für den gibt es nur zwei Wege: einmal das Zerbrechen an dieser Zweiheit, die *Ver-zweif-*

lung. Sie kann verschiedene Formen haben: Neben der Resignation, die zu Narkotika greift, oft gar zum Selbstmord, steht der Trotz, das leidenschaftliche Aufbegehren angesichts der Sinnlosigkeit. Resignation und Rebellion sind Zwillingsgeschwister, beide Kinder der Verzweiflung.

Der andere Weg heißt, erstaunlich genug, *Religion*. Es ist der Versuch des Menschen, das Dunkle abzuwenden und sich des Hellen zu vergewissern, die Welt zu heilen. Diese Religion kann sehr fromm aussehen, kann Gebet, Opfer, Askese einschließen, kann aber auch ganz säkular auftreten. Auch das Modell Faust und das Modell Kain sind religiös. Altar, Laboratorium, politisches Attentat, alles kann dem religiösen Versuch des Menschen dienstbar werden. Religion meint hier - Luther konnte das so weit fassen - alle »Werkerei«, jedes Bemühen des Menschen von sich aus, mit oder ohne Gottes Hilfe, die zerrissene Welt ganz zu machen. Religion ist der grandiose Versuch einer Welt-Erlösung von unten her.

Aus diesem Zwielicht von Hell und Dunkel, aus Verzweiflung und Religion darf der heraustreten, der in Jesus Christus den Gott kennenlernt, der aus der Verborgenheit heraustritt, der sein Schweigen bricht, der uns sein Herz sehen läßt.

Gottes Heilshandeln (der offenbare Gott)

Wenn ich die Bibel aufschlage, entdecke ich da nicht erneut das Widereinander von Hell und Dunkel, Leben und Tod, Plus und Minus? Steht da nicht hart nebeneinander das Todesurteil: Du bist der Mann! und der

Freispruch: Der Herr hat deine Schuld weggetan. Da begegnet mir Gott als die letzte, tiefste, im Grunde einzig wirkliche Bedrohung für den Menschen: »Schrecklich ist's, in die Hände des lebendigen Gottes zu fallen« (Hebr 10,31). Und andererseits als die letzte, tiefste, im Grunde einzig wirkliche Rettung für den Menschen: »Also hat Gott die Welt geliebt...« (Joh 3,16). Beides stößt hart aufeinander, Gericht und Gnade, Gesetz und Evangelium. Aber die Mitte der biblischen Botschaft zeigt auf jenen Punkt, an dem sich diese beiden Linien treffen: das Sterben Jesu Christi, ein Sterben zu unserem Heil. Im zweiten Artikel des Glaubensbekenntnisses wird der Weg Jesu in einem Wort bebündelt: »gelitten«. - Das ist der Extrakt, die Summe seines Lebens. Das ist die ganz neue Perspektive zur Frage: Gott und das Leid in der Welt. Gott selbst tritt ins Leiden hinein. Das ist in der Welt der Religion undenkbar. In Jesus Christus hat Gott das Unmögliche getan: »gelitten unter Pontius Pilatus«! Jesu Leiden war freiwilliges Leiden, schuldloses Leiden, unausdenkbar schmerzhaftes Leiden; aber das alles ist nicht das Entscheidende. Für all das ließen sich Parallelen finden. Die Frage heißt nicht: *wie* litt er, sondern *wer* litt da? Das gibt seinem Leiden Einzigartigkeit. Jesus steht einerseits ganz bei Gott, ist Gottes Repräsentant bei uns Menschen. So trifft ihn der Gotteshaß der Menschheit. Er aber will lieber von uns Menschen brutal vernichtet werden, als sich von Gott zu trennen. Andererseits steht Jesus ganz bei uns Menschen, tritt als unser Repräsentant und Stellvertreter vor Gott (zweiter Adam). So trifft ihn Gottes heiliger Zorn über die Sünde der Menschheit (Paulus sagt: Für uns zur Sünde gemacht, von Gott verflucht). Jesus aber will lieber von Gott vernichtet werden, als sich von uns Menschen, zu trennen. So hält er im Sterben beide fest, Gott und uns Menschen; den Vater und die Brüder. So bringt er durch sein Sterben uns wieder und endgültig zusammen. So übergreift er den tiefen Riß, der durch Gottes Welt geht, die Absonderung des Geschöpfes vom Schöpfer. Das Leiden der Welt - Gott zieht es auf sich.

Wir Christen und das Leid in der Welt

»Ich glaube an den Herrn, den heiligen Geist, der da lebendig macht« (Nizänisches Glaubensbekenntnis). Das Leiden Jesu Christi und seine Auferweckung versetzen uns auf einen neuen Standort, eröffnen neue Perspektiven.

Christen stehen im Schatten des Kreuzes. Von diesem Platz aus sehe ich Gott ins Herz. Hier entdecke ich, was der abgenutzten Allerweltsvokabel »Liebe« Rang und Wert gibt. »Gott, der auch seinen eigenen Sohn nicht verschont hat, sondern hat ihn für uns alle dahingegeben.« Das ist Gottes Werturteil über unser Leben. Jeder ist einen Christus wert. Paulus folgert: »Wie sollte er uns mit ihm nicht alles schenken?« Wenn einer sich selbst für mich preisgibt, kann ich dann noch vermuten, daß er daneben ein Sadist sei, der mich quälen möchte? Nein, folgert Paulus, wenn der Vordersatz gilt: Gott hat seinen Sohn nicht verschont, dann muß der Nachsatz heißen: Nun kann alles, was von ihm herkommt, nur noch Liebe, nichts als Liebe sein. Auch wenn ich Krankheit, Einsamkeit, Depression, Verfolgung als das Gegenteil empfinde, dennoch: Liebe! Auch wenn Gott meine

Schuld schonungslos aufdeckt: »Du bist der Mann!« - dennoch: Liebe. So kommt Paulus zu der unerhörten Perspektive. Denen, die Gott lieben, muß alles zum Besten dienen. Dienen muß uns alles, auch Krankheit, Einsamkeit, Sterben. Es dient uns, nicht wir ihm. »Die Freiheit eines Christenmenschen« hat Luther diese neue Wirklichkeit genannt, und zu dieser neuen Wirklichkeit gehört eine neue Optik. Das Helle im Leben (ein Musikstück, ein Sonnenaufgang, ein Gespräch, ein Blumenstrauß) beginnt ganz neu zu leuchten. Dahinter steht ja nicht mehr ein unbekanntes »Es«, nicht die Natur, nicht die Kunst, sondern mein Vater, der mich liebt. Christen werden sensibel für das Schöne in der Welt. Das Dunkle aber, das ihnen nicht erspart bleibt, tritt in eine neue Beleuchtung. Über das Minus schiebt sich das Plus. Über dem Dunklen der Welt leuchtet der Regenbogen Gottes, das »Dennoch« seiner Liebe. Christen werden dabei sensibel für das Leid in der Welt. Ernst Wilm erzählte bei einer »bibel aktuell«-Tagung von seiner Zeit als KZ-Häftling in Dachau: Von der Hölle in Dachau sprach er und vom Himmel in Dachau; von der unvergleichlichen Erfahrung der Nähe Gottes, da, wo er von allem abgeschnitten, nur Gott hatte. »Später habe ich manchmal gesagt: In Dachau war es doch schöner!«

Christen stehen im Licht der Auferstehung. Unser Platz ist zwischen zwei Ereignissen. Zwischen Ostern, wo Sünde, Tod und Teufel grundsätzlich besiegt werden (»alles neu programmiert«, formulierte ein Ingenieur) und der Wiederkunft, wo diese Mächte endgültig entmachtet und vernichtet werden. Die Zeichen stehen auf Sieg. Am Horizont leuchtet Morgenröte. Das ist Gegengift gegen alle Resignation. Wir können am Osterlicht

Kerzen, Fackeln, Grubenlampen anzünden, in anderen Hoffnung erwecken, hier und da eine finstere Stube hell machen. Alles bleibt sehr vorläufig, alles sehr bruchstückhaft, aber doch alles voller Zukunft. »Ihr wißt, daß eure Arbeit nicht vergeblich ist in dem Herrn«, so schließt Paulus sein großes Osterkapitel 1. Kor 15 und wird im nächsten Vers ganz praktisch: Darum wollen wir nun von der Kollekte sprechen. Denn alles, was im Namen Jesu geschieht, auch das Geringste, geht ein in die neue Welt. Nichts, was ich betend tue, ist frustra (vergeblich). Nichts ist mehr todsicher, seit der Tod besiegt ist. Das ruft nach Positionslichtern, nach Hoffnungszeichen, im privaten, gemeindlichen, sozialen, politischen Leben. Menschen im Schatten des Kreuzes und im Licht von Ostern beten mit Oetinger:

»Herr, gib mir Gelassenheit,
Dinge hinzunehmen,
die ich nicht ändern kann,
den Mut, die Dinge zu ändern,
die ich ändern kann,
die Weisheit, das eine
vom andern zu unterscheiden.«

Echt sein

Kürzlich habe ich ein Gebet gelesen. Es lautete etwa so:

»Gott, ich will dir sagen, wer du bist und wie du dich mir gegenüber benommen hast. Ich sage es dir mitten ins Gesicht, nehme kein Blatt vor den Mund. Mit glatten Worten bist du auf mich zugekommen wie ein junger Mann, der schön tut, wenn er ein ahnungsloses Mädchen beschwatzen will. Schließlich habe ich mich betören lassen, bin mit dir gegangen. Übel hast du mein Vertrauen mißbraucht, mich brutal vergewaltigt und anschließend sitzengelassen. Nun stehen die Leute ringsum, halten sich den Bauch vor Lachen: ›Schön dumm von dir, auf den reinzufallen‹. Gott, ich sage es dir ins Gesicht – ein Verführer bist du!«

Ist das – ein Gebet? Nicht eher eine Gotteslästerung? Sollten wir nicht nach der Polizei rufen? Glücklicherweise ist Blasphemie strafbar. Welcher Lump redet so von Gott, und wer wagt, so etwas abzudrucken?

Doch nun das Schockierende: Dies Gebet steht in der Bibel, und derjenige, der hier so schreit, ist einer der »Großen« im Alten Testament, der Prophet Jeremia. Im Luthertext klingt's allerdings harmloser (»Herr, du hast mich überredet, und ich habe mich überreden lassen. Du bist mir zu stark gewesen und hast gewonnen; aber ich bin darüber zum Spott geworden täglich, und jedermann verlacht mich« Jer 20,7).

Manchmal wird die erste Vershälfte sogar benutzt zur Aussendung eines Missionars oder zur Ordination eines Pastors. Doch was Jeremia meint, ist deutlich: »Verflucht sei der Tag, an dem ich geboren bin«, gellt es uns in den Ohren (Jer 20,14). Der Prophet ist grenzenlos enttäuscht: Frohe Botschaft möchte er ausrichten. Worte sagen, die man gerne hört. Aber Gott nötigt ihn, stets »Wehe!« zu rufen. Es ist kein Frieden! Grauen ringsum. Den will niemand hören, dafür gibt's keinen Applaus, nur spöttisches Gelächter, zornige Worte, brutale Folterung (Jer 20,1ff). Gott, schreit der verzweifelte Gottesmann, ein Verführer bist du!

»Fromme Karnevalsmasken«

Mit Recht sind wir erschrocken: Darf man denn so beten? Der dänische Christ Sören Kierkegaard sagt einmal: Nirgendwo wird so deutlich, wie weit wir unter dem Niveau der biblischen Beter stehen, als daran, daß wir so nicht zu beten wagen - nicht so wie Jakob, der mit Gott einen Zweikampf riskiert (1.Mose 32,23ff), nicht so wie Hiob (Hiob 3), nicht so wie die Psalmbeter (Ps 73). Wohltemperiert sind unsere Gebete, oft voller Phrasen, steril, ohne Herzblut. Zu beten wie Jeremia - wer wollte das riskieren! Wohl möchten wir oft schreien »Gott, *warum?*«, aber da fällt uns ein: Wir sollten doch stets »wozu« fragen. Dann schlucken wir's runter und beten »anständig«.

Doch dieses Herunterschlucken kann tödlich sein. Es frißt in uns weiter wie Salzsäure, zersetzt allen Glauben, spaltet unser Bewußtsein. »Gott sitzt im Regiment und führet alles wohl«, singen wir zur Orgelbegleitung, aber heimlich flüstert's: »Bei mir hat er alles falsch gemacht.« - »Herr, dein Wille geschehe«, beten wir mit der Gemeinde, doch unhörbar knirschen wir mit den Zähnen. Da setzen wir das strahlende Christenlächeln auf (man erwartet von uns »erlöster müßten die Christen aussehen...«), doch es ist nur eine »fromme« Karnevalsmaske. Da entstehen »ekklesiogene Neurosen«, eine innere Blutvergiftung beginnt.

Anders als Choräle

Doch Gott will das nicht. Auf keinen Fall! In Jes 43,26 spricht Gott eine seltsame Aufforderung aus (ich übersetze frei): Bitte erstatte Anklage gegen mich. Bring an's Licht der Öffentlichkeit, was du gegen mich hast. Und vergiß ja keines deiner Argumente, damit du den Prozeß gewinnst. Das ist nicht ironisch gemeint. Gott liegt alles daran, daß es ehrlich zugeht zwischen ihm und uns. Was für ein seltsamer Gott! Er schreit nicht autoritär: Halt's Maul! Wie kannst du's wagen? Er bittet geradezu: Nur Mut, heraus mit der Sprache. Da darf man sich Luft machen, das Herz ausschütten - mit dem scharfen, bitteren Bodensatz darin.

Das ist meine große Chance: Vor Gott darf ich ganz ich selbst sein - ohne fromme Maskerade. Alles soll heraus: Enttäuschung, Zweifel, Wut! Da kann es Gebete geben, die wie Gotteslästerung klingen. Aber, sagt Luther, sie sind Gott angenehmer als mancher schöne Choral. Alles soll heraus.

Auch die vitalen Argumente des Atheismus, die wir in uns verdrängt haben (Gott, wo bist du eigentlich? Zeig dich doch! - Gott, wie kannst du das zulassen?). Aber entscheidend ist: Dieses »Ausspucken« muß *vor Gott* geschehen. Ein *Gebet* soll daraus werden. Mit Anrede: »Gott, du...« Entscheidend ist, daß wir uns an Gott festklammern wie Jakob im Zweikampf: »Ich lasse dich nicht...«

Frei von Streßparolen

Wer die Chance nutzt, vor Gott ganz ehrlich zu sein, der darf mithelfen, daß sich das Klima unter Christen erneuert, daß die Wahrheit einzieht wie Sauerstoff. Eine Studentin sagte kürzlich: »In unserem Kreis sind wir nicht ehrlich miteinander (der Kreis bestand aus überzeugten jungen Christen!). Wir haben ein bestimmtes Standardmodell: So muß ein Christ aussehen. Ein bestimmtes Niveau muß gehalten werden. Stets ist ein »Hoch« vorgeschrieben, ein »Tief« ist nicht erlaubt. »Ich habe Friede, Freude, Liebe in meinem Herzen... joy, joy, joy...« Und wenn's bei mir anders aussieht, dann spiele ich Operette: »... wie's da drin aussieht, geht niemand was an.« Wenigstens die Fassade muß stehen. Wenn ich unter Niveau bin, bin ich bei den anderen unten durch. Als Christ kann ich es mir vor den Mitchristen nicht leisten, schlapp zu machen. Also singe ich lauthals: »... joy, joy, joy in my heart.« So können Christen sich wechselseitig zur Heuchelei vergewaltigen. D. Bonhoeffer sagt: »Es fällt uns schwer, voreinander Ernst damit zu machen, daß die Gemeinde der Heiligen eine Gemeinde von Sündern ist.«

Wer vor Gott im Gebet ganz wahr wird, der kann in seiner Gruppe mithelfen zur Entkrampfung und zur

Entgiftung. Da muß dann nicht mehr die Streßparole gelten: Seid gefälligst high!, da wird die nüchterne Hilfestellung des Paulus geübt : Einer trage des anderen Last (Gal 6,2). Daß jeder eine zu tragen hat, setzt Paulus voraus!

Mit der Bibel beten. Eine Christin, die psychisch erkrankte (es soll tatsächlich Christen geben, die in solchem Fall auf Unglauben schließen!!) und häufig von Selbstmordgedanken überfallen wurde, erzählte nach ihrer Genesung: »In den ganz dunklen Augenblicken haben mir die Psalmen am meisten geholfen« - . Gewiß, Jeremias Verzweiflungsschrei ist nicht einfach die Regel. Und in der Bibel stehen gewiß »schönere« Gebete: Lob, Jubel, Anbetung. Und gewiß will Gott uns immer wieder zu Freude und Dank befreien. Aber dazu gehört, daß wir vor Gott auch klagen, weinen, schreien können, daß wir voreinander aufhören, Komödianten zu sein.

Vor Gott - das ist der einzige Ort, wo ich ganz wahr sein kann, ganz ich selbst. Denn Gott kennt mich ohnehin - bis in die Abgründe meines Unbewußten. Und so wie er mich kennt, hat er mich lieb und ist mir gut. Das hat er durch Jesus bewiesen.

Nun lebe ich wieder!

Gebet ist Echo

Eine frischgebackene Studienreferendarin berichtete von ihrem Examen. Noch fünf Monate bis zur Französischprüfung. Da ließ sich der Stoff bewältigen. Doch plötzlich habe es geheißen: »Der Professor tritt eine Studienreise an, Ihr Termin ist bereits in fünf Wochen!« Schlaflosigkeit, nervöse Magenstörungen, Konzentrationsunfähigkeit waren die Folgen. Alles schien verloren. Da begegnete ihr im Losungsbüchlein Gottes Zusage: »Der Herr, dein Gott ist mit dir in allem...« Bergend umfängt sie dieses Wort. »Danke, Herr!« kann sie sprechen, das alte Wort für sich selbst und ihr Heute gelten lassen. »Seltsam, die Magenschmerzen verschwanden, ich konnte entspannt, fast heiter arbeiten. Das Examen selbst war eine erstaunliche Erfahrung.« »Seelsorge«, das ist helfende Für-Sorge, die den Menschen ganzheitlich erfaßt: die konkrete individuelle Person in ihrer speziellen Lage. Diese Seelsorge vollzieht in erster Instanz Gott selbst. Sein Schöpferwort spricht er, das eine Situation nicht nur neu beleuchtet, sondern wandelt. Das Gebet ist Echo, »fröhliches Ernstnehmen«, befreiendes Dankeschön. Das Gebet ist (wörtlich!) ein Sich-Verlassen, ein Sich-Fallen-Lassen in eine tragende Hand. Dabei muß keineswegs das happy-end vorprogrammiert sein, es kommt doch zu einem guten Ende. »Wenn Sie durchs Examen fallen«, rief der bekannte Berliner Pfarrer Heinrich Giesen Studenten zu, »dann mit Gott!«

Gebet gibt Freiraum

Ein recht kritischer intellektueller Mann berichtete mir, während einer Routineuntersuchung habe der Arzt bei seiner Frau Knoten im Brustgewebe festgestellt, harmlose Zysten höchstwahrscheinlich. Aber das Ergebnis stand aus - zermürbendes Warten. Da sei in ihm aus Kindertagen ein ganz einfältiger Liedvers aufgestanden: »Mach aus Sorgen ein Gebet!« In diesen Satz habe er sich geradezu geflüchtet und erlebt: »Der Würgegriff der Angst löste sich, ich bekam Luft, Gott trat dazwischen.« Im Gedächtnis gespeichertes Liedgut wird hier zum Seelsorger. Es lohnt, das Gesangbuch zur Hand zu nehmen: Gebete der Väter, erprobte Glaubenserfahrung, vorformuliert, Mut machend, sich ganz darin unterzubringen. Und das Gebet schenkt Abstand, Distanz, Freiraum, läßt Gott ein- und dazwischentreten: »Ihn, ihn laß tun und walten...«

Gebet nimmt das Fremde

Jemand, der vor einer gefährlichen Operation stand, hörte in der Sonntagspredigt: »Ein Christ kommt immer in vorbereitete Verhältnisse. Jesus Christus geht stets als Quartiermacher voran. Überall ist er vorher da und wartet auf uns.« In den Tagen vor dem Eingriff betete er immer wieder: »Herr, das tröstet mich, daß du vor mir und auch vor dem Chirurgen im OP stehst!« Wer so betet, sagt »Amen«, das heißt: er macht sich in Gottes Zuspruch fest. An die Stelle des Unheimlichen, Bedrohenden tritt die Erfahrung von Nähe und Vertrautsein: Er, der Herr und Heiland ist, kommt auf mich zu. Was immer geschieht: Er ist darin. Ein Berufswechsel, die Übersiedlung ins Altersheim - alles Fremde ist angstbesetzt, kann wie vermintes Gelände erscheinen. Betend binde ich mich an Gottes Dabeisein, und das unbekannte Land wird Heimat. Denn auch dort hat allein Er das Sagen.

Gebet kennt den Herrn

Dietrich Bonhoeffer litt in der Haft schmerzlich an dem schrillen Auseinanderbrechen von negativer Selbsterfahrung einerseits und dem positiven Urteil der Mithäftlinge und auch der Wärter auf der anderen Seite. Verunsichert, gequält fragte er: »Wer bin ich?... Sie sagen mir oft, ich träte aus meiner Zelle gelassen und heiter wie ein Gutsherr aus seinem Schloß... Bin ich das wirklich?... Oder bin ich nur das, was ich von mir selbst weiß? Unruhig, sehnsüchtig... zitternd vor Zorn... ohnmächtig bangend?« Was heilt, wenn so die Person zerfällt? Die tiefste Frage nach dem Selbst, der Identität, dem Wert des Lebens wird nicht beantwortet durch Selbst- oder Fremdbeobachtung. Betend darf Bonhoeffer diese Frage und damit sich selbst aufgehoben wissen: »Wer ich auch bin, Du kennst mich, Dein bin ich, oh Gott!« »Ich denke, also bin ich«, philosophierte René Descartes. »Oro, ergo sum« – »Ich bete, also bin ich«, weiß der Christ.

Gebet schenkt Leben

Nichts vereinsamt so wie erkannte, niemals gut zu machende Schuld: Versäumnisse, Verletzungen, begangen an Menschen, die plötzlich von unserer Seite gerissen wurden. Jemand, der es mit diesem höhnenden Chor von Anklagen nicht mehr aushielt, erzählt: Ich habe einen Christen angesprochen, einen, dem ich vertraute, habe alles geradezu ausgespuckt. Er hat mich hingewiesen auf »Gottes Lamm, das der Welt Sünde trägt«, hat mir Luthers Satz erläutert: »Die Sünde liegt nicht da, wo sie empfunden wird (nämlich bei Dir), sondern dort, wo Gott sie hinlegte (nämlich auf Christus).« »Dann hat der andere – wie ein Bruder – meine Not vor Gott zusammengebunden, hat mich, der selbst nicht zu beten wagte, mitgenommen zu dem Gott, der Gottlose gerecht macht. Da fiel das Gestern von mir ab, da bekam ich wieder ein Heute, erhielt Mut fürs Morgen. Nun lebe ich wieder!«

Heute warten viele auf solche brüderlichen Menschen, die sie mitnehmen zum Vater. Viererlei ist da wichtig, wenn einer mich um diese »Seelsorge« bittet:

Ich werde das Gespräch *im Gebet vorbereiten.* Ich mag »schlagfertig« sein, aber hier soll ich verbinden. Meine Formulierungen mögen »treffend« sein, aber hier geht's ums Aufrichten. »Herr, gib Du mir den klaren Blick, das jetzt not-wendige, das zu-recht-bringende Wort!« (vgl. Jak 1,5).

Ich will *für* den anderen beten. Seine Not wird mich begleiten, zu meiner eigenen werden. Ich kann mich selbst nicht vor Gott bringen, ohne den Bruder dabei zu haben (vgl. Gal 6,2).

Ich bin bereit, *mit* dem anderen zu beten. Vielleicht ist er selbst zu hilflos, zu gehemmt, zu bewegt dazu, zu ahnungslos, »wie man so was macht.« Mein Gebet soll ihn nicht überfallen, gar vergewaltigen; es ist nicht eine abzuleistende Pflicht (»nun müssen wir noch beten!«). Es möchte Sprachhilfe sein, Angebot, Weggeleit. Ich reiche dem anderen meine Hand, leihe ihm meine Worte, meinen Mund. »Ein Bettler, der satt wurde, sagt einem anderen Bettler, wo es zu essen gibt.«

Ich darf den anderen *ermutigen zu eigenem Beten.* Ich darf ihm sagen, daß Beten ohne alle Vorleistung unsererseits geschieht, ganz ohne mitzubringende ethische oder religiöse Qualitäten, ganz ohne tiefe Gefühle oder klare Willensentschlüsse; daß Zweifel mit ins Gebet gebracht werden sollen, weil Gott unser Denken nicht weniger rechtfertigt als unser Handeln. Ich darf ihm zusprechen, daß er längst erwartet wird, daß unser aller Vater immer schon unterwegs ist, uns entgegenläuft, daß er keine größere Freude kennt als die über verlorene Söhne, die sich nach Hause holen lassen. Wundervoll evangelistisch hat der norwegische Theologe Ole Hallesby vom Geheimnis des Betens gesprochen: »Das Gebet ist für die Hilflosen... Beten bedeutet nichts weiter, als Jesus Zugang zu uns zu gewähren, so daß er an unsere Not herankommen kann... Beten ist: Jesus einlassen.«

Schalom

(Röm 5,1-11)

Da wir nun gerecht geworden sind durch den Glauben, haben wir Frieden mit Gott durch unsern Herrn Jesus Christus;

durch ihn haben wir auch den Zugang im Glauben zu dieser Gnade, in der wir stehen, und rühmen uns der Hoffnung der zukünftigen Herrlichkeit, die Gott geben wird.

Nicht allein aber das, sondern wir rühmen uns auch der Bedrängnisse, weil wir wissen, daß Bedrängnis Geduld bringt.

Geduld aber Bewährung, Bewährung aber Hoffnung,

Hoffnung aber läßt nicht zuschanden werden; denn die Liebe Gottes ist ausgegossen in unsre Herzen durch den heiligen Geist, der uns gegeben ist.

Denn Christus ist schon zu der Zeit, als wir noch schwach waren, für uns Gottlose gestorben.

Nun stirbt kaum jemand um eines Gerechten willen; um des Guten willen wagt er vielleicht sein Leben.

Gott aber erweist seine Liebe zu uns darin, daß Christus für uns gestorben ist, als wir noch Sünder waren.

Um wieviel mehr werden wir nun durch ihn bewahrt werden vor dem Zorn, nachdem wir jetzt durch sein Blut gerecht geworden sind!

Denn wenn wir mit Gott versöhnt worden sind durch den Tod seines Sohnes, als wir noch Feinde waren, um wieviel mehr werden wir selig werden durch sein Leben, nachdem wir nun versöhnt sind.

»Nicht allein aber das, sondern wir rühmen uns auch Gottes durch unsern Herrn Jesus Christus, durch den wir jetzt die Versöhnung empfangen haben.

Fundierter Friede
(V. 1 und 2)

»Es gibt keinen Leser, der nicht für den Frieden wäre«, – das ist eine Behauptung, bei der ich nichts riskiere. Kaum ein Wort hat in den letzten Jahren solche Karriere gemacht wie das Wort »Schalom«, Frieden.

Zwei gefährliche Mißverständnisse

Im Jahre 1900 gab es im Leipziger Bahnhof eine Verkehrsstauung: Frachtzüge, beladen mit der Hauptschrift der sog. liberalen Theologie »Das Wesen des Christentums« (von Prof. A. von Harnack), blockierten einander. So groß war die internationale Nachfrage! Worum ging es der »liberalen« (= freisinnigen, an die Lehre der Bibel ungebundenen) Theologie? Um den Frieden mit Gott! – Aber was verstand man darunter? Kurz: Menschen plagen sich herum mit einem schlechten Gewissen, stecken voller Schuldgefühle. Aus diesem inneren Speicher voller Angst, Mißtrauen und Aggressionen steigt als Vorstellung (Projektion) ein Gottesbild auf: Gott, der Zornige, der Richter! Aber - so sagt man - dieses Bild ist falsch! Jesus ist gekommen und hat uns aufgeklärt: Gott ist ganz anders! Er ist der freundliche Vater, der liebe Gott. Jesus kommt also wie Psychiater, der unsere religiösen Komplexe mit uns aufarbeitet, uns von unseren Depressionen befreit. Dann ist Friede in uns, das »harmonische Gleichmaß der Seelenstimmung«. - Was ist hier falsch? Schuld ist mehr als nur Schuld-*gefühl*, ist nicht nur etwas in unserem Bewußtsein. Schuld steht als harte Tatsache zwischen uns und Gott. Und Gott ist der Heilige, nicht ein harmloser »lieber Gott«. Und Jesus ist nicht bloß ein Lehrer, der uns aufklärt... Schuld muß gesühnt, weggeschafft werden; erst dann ist Friede mit Fundament.

Das zweite - besonders aktuelle - Mißverständnis geht von einer zunächst völlig richtigen Entdeckung aus: Das alttestamentliche Wort »Schalom« hat einen gewaltigen Radius, einen unendlich weiten Horizont: Gesundheit in der Familie, Erfolg im Beruf, soziale Gerechtigkeit, gute außen- und innenpolitische Verhältnisse, - alles ist inbegriffen. Aber zugleich hat »Schalom« einen ganz eindeutigen Mittelpunkt: Schalom heißt: im Zentrum Gott selbst! Ist das Zentrum klar, kann die Peripherie weit sein. Gefährlich wird's, wenn die Mitte verrutscht. Dann wird »Gott« zu einer Bezeichnung für heile, gute Verhältnisse, und »Schalom« meint den Traum von einer kommenden idealen Weltgesellschaft.

Die Frage nach dem Frieden lautet biblisch so: *Ist Gott für uns?* Wenn ja, dann ist wirklich alles gut! Wenn nein, dann hilft es nicht, daß wir Resolutionen unterschreiben, Demonstrationen veranstalten, Transparente entfalten, uns den Hals wundschreien: »Peace now!«. Ist Gott gegen uns, dann ist alles nur »frommer Phrasenfriede« – ohne Fundament!

Das aber ist nun der Jubelruf, mit dem der Text beginnt: Wir *haben* Frieden, echten fundierten, – jetzt, durch die Tat, durch den Tod Jesu Christi. Er ist schuldig gesprochen worden – stellvertretend für uns. Er hat an dem Punkt unsere Stelle eingenommen, wo kein Mensch uns vertreten kann, da, wo es um unsere (unverwechselbar *meine*) Schuld und um unseren (unvertauschbar *meinen*) Tod geht. Das kann nur Gott selber tun. Und dabei ist es mit rechten Dingen zugegangen: Gottes Gerechtigkeit hat Gericht gehalten, das Todesurteil ist vollstreckt. Ein Kreuz hat Gott in unsere Erde eingerammt, und daran hängt Gott selbst – für mich. Nun ist Friede, nun ist alles gut!

Christen mit Streß
(V. 3-5)

Luther sagt dem Sinne nach: Friede mit Gott bedeutet – Krach mit mir *selber* (vgl. Gal 5,16ff: das Alte und das Neue liegen sich in den Haaren), *Krach* auch mit der Umwelt. Wir werden Fremdkörper, Störenfriede (vgl. Joh 15,19). Friede mit Gott ist durchaus nicht »gemütlich«. Wir geraten in den Schwitzkasten, in Streßsituationen. Das Merkwürdige ist: Paulus sagt: Wir rühmen uns dessen, wir beglückwünschen uns dazu. Wieso? Paulus beschreibt einen Stafettenlauf mit 5 Stationen:

1. Druck
(Pression, Anfeindung von innen und außen)

2. Geduld
(»darunter bleiben«, wenn man uns Lasten aufpackt,

»dahinter bleiben«, wenn andere clever sind und uns überholen...)

3. Erprobung
(stärker, konzentrierter werden, mehr Standfestigkeit bekommen)

4. Hoffnung
(zielorientiertes Leben, den Blick vorwärts - nicht seitwärts »Was darf ich alles noch mitnehmen?«, nicht rückwärts...)

5. gutes Ziel
(das Leben läuft nicht vergeblich, nicht ins Leere: wir kommen bei Gott an)

Das ist doch eine seltsame Kettenreaktion! Stimmt das denn bei uns: Aus Pression erwächst Geduld? - Die »normale« Kettenreaktion, über die wir viel in psychologischen Artikeln lesen können, sieht doch ganz anders aus:

1. Pression

2. Aggression
(ungeduldiger Protest: »Ich will raus hier!«)

3. Frustration
(statt Stärkerwerden - Versagen, Nervosität, Minderwertigkeitsgefühl, »Stinkwut im Bauch«)

4. Resignation
(statt Hoffnung - Müdigkeit, »Ich geb's auf«)

5. Kapitulation
(oder Explosion - jedenfalls die Katastrophe, das »Ausflippen«)

Das ist »anständige« Psychologie, das kann man täglich in der Bildzeitung lesen (von Leistungsdruck bis Amoklauf und Selbstmord). Paulus, du bist ein seltsamer Menschenkenner! Aber es kommt noch stärker: »*Die Liebe Gottes* ist ausgegossen.« Die Schwitzkastensituation soll Gottes Liebe sein? Ist das nicht böse Ironie? Sieht Gott da nicht eher aus wie ein brutaler Menschenschinder, ein Sadist? Aber Paulus bleibt bei seiner seltsamen Psychologie, - Gottes Psychologie ist das, »Pneumatologie«, d.h. Gottes Geist (Pneuma) wirkt hier! - Gott macht uns durch Anfechtung stark. Er trainiert unseren Glauben, indem er sich sozusagen versteckt, uns in Schwierigkeiten führt. Da sollen wir lernen, gerade dann auf ihn zu vertrauen. Meister Eckart, ein frommer Mystiker im Mittelalter, sagte einmal: »Manche lieben Gott wie eine Kuh, sie fragen immer: Wieviel Milch gibt sie?« – Wenn wir Gott be-nutzen, Nutzen aus Gott ziehen, von Gott profitieren wollen, dann lieben wir nicht Gott, sondern uns selbst. Seine Geschenke, aber nicht ihn. Aber Gott will nicht bloß ein Mittel sein für unsere Zwecke. Da kann es geschehen, daß Gott seine Geschenke (Gesundheit, Erfolg, auch geistliche Erfahrungen) zurückzieht (vgl. Hiob), daß der weite Kreis von Schalom schrumpft, bis nur noch das Zentrum übrigbleibt: Gott! So erlebt es der Dichter von Psalm 73: Die Gottlosen schwelgen im Überfluß, aber ihm wird alles genommen. Er hat nur noch Gott. Was für ein armer - reicher Mann! Der ehemalige Präses der Westfälischen Kirche, Ernst

Wilm, hat - wie schon erwähnt - von seinem Aufenthalt im KZ Dachau berichtet: »Die Hölle von Dachau« hieß eine Überschrift, aber die nächste lautete »Der Himmel von Dachau!« Da hieß Friede mit Gott wirklich: Angefeindet-, Gehaßt-, Gefoltertwerden. Alles war genommen - es blieb nur Gott. Und dabei erfuhren Christen das psychologisch Unmögliche - den »Himmel von Dachau«, Frieden Gottes, höher als alle Vernunft...

Gottes »verrückte« Liebe
(V. 5-10)

Im Unterschied zu uns geht Paulus mit dem Wort »die Liebe Gottes« sehr sparsam um: in Kapitel 5,5 taucht dieses Wort zum erstenmal im Römerbrief auf, wird eingeklebt wie eine kostbare Sondermarke.

Um anschaulich zu machen, was Gottes Liebe (Agape) bedeutet, breitet Paulus eine Kontrastfolie aus, einen Hintergrund, von dem sie absticht. Das ist unsere menschliche Liebe. Dabei gibt's keine Schwarz-weißmalerei (»Ohne Jesus gibt's sowieso keine echte Liebe«); Paulus wägt realistisch ab (V.7): Im Extremfall kann es bei uns Menschen schon vorkommen, daß einer für den anderen sein Leben wagt - für einen Freund, einen Geliebten, einen Wohltäter. O ja, der Mensch kann ein Held sein, »heroisch«. Aber - es muß sich lohnen. Der andere muß es wert sein. Es muß um eine große Sache gehen, ein hohes Ideal (die Freiheit, die Emanzipation, den Weltfrieden), einen geliebten Menschen (Mutter und Kind). Alle Menschenliebe ist *Eros*, und Eros ist immer Echoliebe. Eros re-agiert, d.h. er antwortet immer auf

Hohes, Großes, liebt nur *Liebens-wertes!* - Wenn Gott nach diesem Erosmaßstab mit uns handeln wollte, dann hieße die Diagnose: lebensunwertes Leben!, dann müßte er uns alle auslöschen, liquidieren. Auch dann wäre Friede - Friedhofsfriede, Totenstille! Aber Gottes Liebe (*Agape*, sagt die Bibel) ist total anders, ist buchstäblich ver-rück-te Liebe. *Wen* sucht Gott sich aus? Schwache, Sünder, Atheisten, Rebellen... (V.8 und 9)! *Wann* hat Gott das getan? Etwa als sich erste Anzeichen von Besserung zeigten? Nein, »als wir noch Feinde waren«, - nicht liebens-, sondern hassenswert! Nicht Gottsucher (gibt's denn die?) hat Gott geliebt, sondern die Gottverflucher. Das ist Gottes Agape: Ganz von Gott aus geht sie, ganz spontan, ganz kreativ - ganz ohne Vorleistung unsererseits. Gott spricht die Gottlosen gerecht! (Röm 4,5). Wir fragen: Ist das nicht ungeheuer riskant? Wenn nun die positive Antwort ausbleibt, wenn jemand auf Gnade darauflossündigt, »billige Gnade« (Bonhoeffer) draus macht? ...Berechtigte Fragen! So fragten schon die Pharisäer (Mt 20,1ff, Gleichnis von den Arbeitern im Weinberg): Wenn die Letzten (um 17 Uhr fingen sie erst an!) denselben Lohn bekommen, wer wird dann so verrückt sein, am nächsten Tag um 6 Uhr früh zu beginnen? - Höchst riskant - diese völlig kostenlose, völlig voraussetzungslose Gnade (»billige Gnade« wäre noch zu teuer, Gott gibt sie völlig gratis!). Höchst riskant - aber Gott riskiert's! Gottes spontaner, ganz frei-williger Friedensschluß ist Gottes große »Vorleistung«. Dieser Friedensschluß beruht allein auf Gottes tollkühner Liebe. Darum trägt er!

Gute Schlüsse – zum guten Schluß
(V. 9-11)

Geht's gut aus mit uns, wird am Ende Schalom sein? Paulus redet vom »Zorn« Gottes (V.9), damit meint er das Endgericht, das *Gericht nach den Werken.*

Darüber hat man sich immer geärgert, daß der Apostel das »allein aus Gnaden« vom Gericht nach den Werken spricht (2.Kor 5,10; Röm 2,16; 10,14). Und immer wieder hat man versucht, das theologisch zu »bewältigen«. Etwa: Das sind noch jüdische Eierschalen bei dem ehemaligen Pharisäer Paulus! Oder: Das ist Mangel an Logik! Oder: Das gilt nur für die Heiden! Oder: Da ist nur eine Preisverteilung gemeint. Da gibt's Medaillen: Gold, Silber, Bronze... Aber solche Kunststücke helfen nichts. Das Jüngste Gericht haben wir nicht theologisch zu bewältigen, wir müssen hinein! Die Nichtchristen? Jawohl! Die Christen? Jawohl! Sie und ich? Jawohl! »Wir müssen *alle* offenbar werden vor dem Richterthron Gottes« (aus dem Griechischen übersetzt nach 2. Kor 5,10) - wie könnte es auch anders sein? Auch jetzt heißt Rechtfertigung doch, daß Gott nicht etwa fünf gerade sein läßt, sondern daß er unsere Schuld aufdeckt und dann vergibt: Der Eiterherd wird nicht überpflastert; er wird aufgeschnitten und so geheilt! Wie könnte das am Letzten Tag anders sein? Wer könnte wünschen, es wäre anders? Jetzt erkennen (und bekennen) wir unsere Schuld nur aus der »Froschperspektive« - wir sehen nur das Nächstliegende und wenig! Dann sehen wir sie aus der »Vogelperspektive« - im Totalüberblick. Das böse Wort, das wir sagten, es hat Kreise gezogen, die wir bis da nie ahnten. Der freundliche Brief, den wir leider nicht schrieben, er hätte

Kettenreaktionen des Guten ausgelöst, die wir uns nie hätten träumen lassen. Dann sehen wir alles, durchschauen alles, sind selbst völlig durchschaut!

Geht's gut aus mit uns, wird am Ende Schalom sein? Da zieht Paulus gute Schlüsse, die den guten Schluß gewiß machen. Vom Schwereren schließt er aufs Leichtere. Er folgert (V.10): Wenn die Liebe Gottes (diese »verrückte« Agape) sogar den Feinden galt, wieviel mehr wird sie dann diejenigen festhalten, die mit Gott »versöhnt« (aus Feinden zu Söhnen geworden) sind! Da ist kein Zweifel dran! Wir müssen ins Gericht hinein - aber Jesus bringt uns hindurch. Nicht, weil wir »entschiedene Christen« waren, in der Heiligung Fortschritte machten, immer treu die Tageslese lasen und uns sozial engagierten, – sondern eben: Sola gratia! Allein aus Gnaden. Darum steht der Jubel am Schluß: »Wir rühmen uns Gottes!« Das ist nicht die Sprache der Frechheit, die sagt: Gott muß ja vergeben, sonst ist er arbeitslos; nicht die Sprache der Feigheit, die voller Zweifel sagt »hoffentlich, vielleicht...« Das ist die Sprache einer fröhlichen Gewißheit: Gott ist mein Gott. Gott ist für mich - heute und immer!

Ist Friede? Wird Friede sein? – Es *ist* Friede, fundierter Friede. »Nun ist groß Fried ohn' Unterlaß...«

Aufwachen

Seltsame Logik

»Schaffet, daß ihr selig werdet, mit Furcht und Zittern. Denn Gott ist's, der in euch wirkt beides, das Wollen und das Vollbringen, zu seinem Wohlgefallen« (Phil 2,12b+13).

Würde ein Lehrer dies in einem Aufsatz entdecken, so wäre ein dicker, roter Strich am Rande fällig und die Bemerkung: »Absolut unlogisch!« Man überlege nur: »schaffet..., *denn(!)* Gott wirkt alles«!

Logisch betrachtet gibt's doch nur drei Möglichkeiten:

1. Angenommen, die erste Hälfte des Satzes gilt (schaffet), dann sind *wir* dran; wir müssen die Ärmel aufkrempeln, - und Gott ist pensioniert. Das ist die Grundhaltung des modernen Fortschrittglaubens wie der kommunistischen Ideologie: Wir machen unser Heil selbst! »Es rettet uns kein höheres Wesen, kein Gott, kein Kaiser, kein Tribun...«

2. Wir nehmen die zweite Hälfte des Satzes ernst (Gott wirkt alles). Dann ist *Gott* »dran«, und wir haben Dauerurlaub. Mehr: dann scheint alles bis ins Detail vorprogrammiert. Das Fatum (Schicksal) regiert die Welt.

3. Wir kombinieren beide Satzhälften zu einem Kompromiß, gründen mit Gott eine Aktiengesellschaft: »Gott und ich« oder »Ich und Gott«. Wie die Aktien sich prozentual verteilen - ob 50 zu 50 oder 90 zu 10 - ist eine zweite Frage.

Aber all unseren logisch akzeptablen Lösungen zum Trotz steht da: »Schaffet, daß ihr selig werdet, mit

Furcht und Zittern. Denn Gott ist's, der in euch wirkt beides, das Wollen und das Vollbringen.«

Der Weg zum Verständnis geht nicht über unsere Logik, sondern tief durch unsere Existenz: Wenn ein Mensch Christ wird, steht meist am Anfang die Entdekkung: Ich habe Sünden getan - konkrete, handfeste, beichtbare Sünden. Wenn ein Mensch Christ bleibt, entdeckt er immer mehr: Ich habe nicht nur Sünden getan, ich »bin« ein Sünder. Ich habe nicht nur mit den umweltverschmutzenden Produktionsrückständen zu tun, ich selber bin der Produzent. Da regen sich z.B. in mir Aggressionen gegen einen bestimmten Mitmenschen, Aggressionen, die immer neu aufsteigen. Ich weiß genau: das muß weg! Aber wie? Normalerweise verfallen wir dann auf das Kompromißmodell »Gott und ich«; fromm ausgedrückt: »mit Gottes Hilfe«. Vielleicht intensivieren wir das »geistliche Training«, Bibellesen, Gebet. So muß es doch zu schaffen sein! Und das Ergebnis ist niederschmetternd. Auch Gottes Hilfe scheint nicht zu helfen.

In einer Predigt hörte ich von einem jungen Mann, der sich von der Onanie loskämpfen wollte, er band sich nachts die Hände am Bettrand fest. Erschütterndes Bild: Freiheitskampf mit dem Mittel der Fesselung. Verzweifelte Lage: Ich will, aber ich kann nicht. -

In solchen Situationen, wo unsere Aktien auf Null sinken, bricht der Schrei des Paulus aus uns heraus: »Ich elender Mensch, wer wird mich erlösen?« (Röm 7,24). Da merke ich: es ist wahr, buchstäblich wahr: »In mir, das heißt in meinem Fleisch, wohnt *nichts* Gutes.« Da fangen »Furcht und Zittern« an. Da helfen keine Imperative mehr, kein »reiß-dich-zusammen«. »Vom Fleisch wollt nicht heraus der Geist«, sagt ein Lied der Reformationszeit. Salopp ausgedrückt: Man kann einen Esel streicheln oder prügeln, - niemals wird er Goldstücke ausspucken. Das ist »nicht drin«.

Was aber nun? Nun, endlich ist mein »Beitrag« zu meiner Seligkeit geleistet: nämlich »Furcht und Zittern«, absoluter Bankrott meinerseits. Nun erst leistet Gott den seinen: Er schafft - als Schöpfung aus dem Nichts, als Auferweckung aus den Toten - das Neue, schafft Wollen und Vollbringen. *Sola* gratia, *sola* fide, solus Christus - Gnade allein.

»Ich lebe, doch nun nicht ich, sondern Christus lebt in mir« (Gal 2,20) - das ist die überraschende Entdekkung. Ich liebe (so kann man fortfahren), aber nun keineswegs ich, Christus liebt in mir. Ich hoffe. ... Ich glaube ...

Fritz Woike dichtete: Gott kann erst da beginnen, wo wir am Ende sind.

Wer in Furcht und Zittern gerät, der steht unmittelbar vor den Wundern Gottes. Der darf staunen:

Ich kann Dinge, die ich gar nicht kann... Seltsame Logik!

Aufwachen

»Aufwachen! Aufwachen!« Zwei kräftige Jüngerhände rütteln verzweifelt an der Schulter des Meisters. »Aufwachen!« Unbegreiflich, wie er jetzt schlafen kann, jetzt, wo ringsum die Hölle los ist, wo der Sturm den See aufwühlt, daß er brodelt wie kochendes Wasser, sich aufbäumt wie ein Ungeheuer, das mit tausend gierigen Mäulern nach dem Boot schnappt.

Aufwachen! »hilf, wir kommen um!« Endlich bewegt sich der Meister. Erleichtert atmet der Jünger auf. Da blicken zwei verwunderte Augen ihn und die elf übrigen an. Verwundert klingt auch die Stimme: »Ihr Kleingläubigen, warum seid ihr so furchtsam?« Gibt es denn auch nur den geringsten Grund dazu? - Das erste Bild: *Die Jünger schreien, doch Jesus schläft.* Aufwachen! Die Hand des Meisters packt den Petrus bei der Schulter: Könnt ihr denn nicht eine Stunde mit mir wachen? Wie aus weiter Ferne klingt die Frage an des Jüngers Ohr. Noch einmal: Aufwachen! Brummend wälzt sich Petrus auf die andere Seite. Still ist der Garten, lau die Nacht. Schlafen will er, träumen. Aufwachen! ertönt des Meisters Stimme ein drittes Mal. Vergeblich! Die Jünger liegen wie betäubt, wie berauscht oder narkotisiert. Da macht sich der Meister allein auf den Weg. Einsam tritt er in den Gebetskampf ein, der so heiß ist, daß der Schweiß seinen Körper hinabrinnt wie Blut. Laut - schreiend fast - hallt Jesu Stimme durch die Nacht: »Vater ist's möglich, so gehe dieser Kelch an mir vorüber!« - Das zweite Bild: *Jesus schreit - doch die Jünger schlafen.*

Zwei Bilder. Ein seltsamer Widerspruch. Wenn wir Menschen - auch wir Jünger, wir Christen - vor Entsetzen schreien, dann hält Jesus die Lage für gänzlich harmlos, schließt die Augen, gibt das Signal zur Entwarnung.

Und umgekehrt: Wenn wir uns seelenruhig die Schlafmütze über die Ohren ziehen möchten, ist für Jesus höchste Alarmstufe geboten. Seltsamer Widerspruch!

Schlaft!

»Wachet!« heißt mein Thema, Fanfarenstoß, Weckerrasseln, Sirenengeheul soll es sein. Doch zunächst möchte ich wie Jesus das Signal zur Entwarnung geben, möchte nachsprechen, was Jesus seinen schreienden Jüngern deutlich macht: *Schlafen dürft ihr, Christenleute, schlafen!* Das meine ich wörtlich, buchstäblich. Wie viele Christen mag es geben, die nachts nur mit Baldrian oder Barbitursäure, mit Valium oder Eusedon, mit Schlaftabletten oder -tropfen zur Ruhe kommen. »Das sind meine überreizten Nerven«, sagen wir. Sind unsere Nerven nicht tatsächlich gespannt bis zum Zerreißen?

»Denk' ich an Deutschland in der Nacht, so bin ich um den Schlaf gebracht«, dichtete einst Heinrich Heine. Denk ich an die Weltlage, politisch und moralisch, denk ich an den Nahost-Konflikt, den Nord-Süd-Konflikt, denk ich an Rüstungsexporte und Energieverknappung, an wachsenden Drogenmißbrauch und schwindenden Glauben, denk ich an Kinder, gar an Enkelkinder... »Denk' ich an morgen in der Nacht, dann bin ich um den Schlaf gebracht.« Hören wir nicht schon den Donner des Weltuntergangs, das Galoppieren der apokalyptischen

Reiter? Ist nicht die Hölle los ringsum? Schreien möchten wir: »Herr, hilf, wir kommen um!«

Doch Jesus schaut uns verwundert an: Schlaft! antwortet er, ruht ein wenig (Mk 6,31). Ihr Kleingläubigen, habt ihr es vergessen: Mir ist gegeben alle Gewalt im Himmel und auf Erden. Vertraut mir! Hört: der Hüter Israels schläft noch schlummert nicht (Ps 121,4). Gerade deswegen dürft ihr euch entspannen. Schlaft! - In der Tat: Man kann Gott auch durch einen guten Schlaf loben. Ein ruhiger Christenschlaf mitten im Toben der Welt ist ein Glaubenssignal für eine neurotisch werdende Menschheit - und wenn darüber die Welt unterginge? Nun, dann geht das Reich Gottes auf! Dann kommt Jesus, unser Herr, und der ist - wie der schwäbische Theologe J. Blumhardt sagte - nicht der Kaputtmacher, sondern der Neumacher. Noch einmal Blumhardts fröhliche Gelassenheit: Es muß doch alles gut werden, weil Jesus auferstanden ist. »Wer an Ostern glaubt, der kann - in ganz unsicherer Zeit - Kinder kriegen!«, rief der Berliner Pastor Heinrich Giesen einmal aus. Wir fügen hinzu: Wer an Ostern glaubt, der kann - im Toben der Hölle behütet schlafen. In unser Angstgeschrei tönt Jesu Entwarnungssignal: Schlaft! Schlaft in Gottes Namen; Er wacht!

»Schlaft!«, das ist die Botschaft von der Sturmstillung. Dazu aber gehört die Botschaft von Gethsemane: *»Wachet und betet!«* Beides gehört zusammen: Wer geistlich wach sein will, sollte körperlich gut ausgeschlafen haben!

Aufwachen! Ein Fanfarenstoß für Tote!

Im Epheserbrief stimmt Paulus ein urchristliches Lied an: »Wach auf, der du schläfst, und steh auf von den Toten, so wird dich Christus erleuchten!« (Eph 5,14). Das ist Erweckungsmusik! Steh'auf von den Toten! - Ob es hier bei uns Tote gibt? Unsinn! Die Toten liegen doch irgendwo draußen, draußen auf den Friedhöfen! Wir dagegen, wir atmen, singen, denken; Herz und Lunge arbeiten, also leben wir doch! - Die Bibel ist da kritischer: »Wer den Sohn Gottes nicht hat, der hat das Leben nicht!« (1.Joh 5,12). Wer keinen Kontakt zu Jesus hat - keinen Glaubenskontakt, keinen Gebetskontakt, der ist bei blühender Gesundheit, bei voller Vitalität, bei bester Kondition in Gottes Augen eine Leiche, ist tot trotz allem »Trimm-Dich-fit«! »Wer den Sohn Gottes hat, der hat das Leben, wer den Sohn Gottes nicht hat, der hat das Leben nicht!« Seltsam, nun gerät die Grenze zwischen Lebenden und Toten in gefährliche Bewegung. Im Zickzackkurs läuft sie durch die Reihen der Menschen. »Leben Sie schon?« heißt die indiskrete Frage an jeden. »Leben Sie schon oder sind Sie noch tot?« Mitten in unser Leben schallt der Weckruf Jesu: »Wache, stehe auf von den Toten!« Kann man so etwas einem Toten befehlen? Kann man einem Tauben sagen: Hör zu! - einem Blinden: Sieh her! - einem Lahmen: Los, beweg dich!, - einem Toten: Steh auf!? - Nein, das kann man nicht. Als Kind habe ich meinen verstorbenen Großvater angerührt und angesprochen. Aber da regte sich nichts. Tot ist tot! Tote auferwecken, geistliche Leichen ins Leben rufen, das kann *man* nicht. Sie nicht und ich nicht. Aber *Er* - Er kann's!

Wenn Jesus ruft, dann vibriert in seiner Stimme die Schöpfermacht Gottes. Seine Befehle suchen die Energie nicht bei uns (wo wäre sie bei einem Toten zu finden?); sie bringen Gottes Energie mit: »Lazarus, komm heraus!« hieß es in Bethanien; »Jüngling, ich sage dir, steh auf!«, klang es in Nain; »Talitakum - Mädchen ich sage dir, steh auf!«, schallte es bei der Tochter des Jairus. Und alle wachten auf! Er spricht, und es geschieht: Tote stehen auf! In diesem Augenblick will Jesus vor jemand hintreten, der vielleicht nur aus Neugier diesen Artikel liest, will ihm persönlich in die Ohren und ins Herz rufen: Aufwachen! Steh auf von den Toten! Leben sollst Du! Heute können Tote zu Lebenden werden. - Aufwachen, das ist ein Fanfarenstoß für Tote.

Aufwachen! Weckerrasseln für Träge!

Im Sendschreiben an die Gemeinde in Sardes heißt es: »Werde wach und stärke das andre, das sterben will!« (Offb 3,2). Da sind also wir Christen gemeint. Einmal wurden wir von Jesus wachgerüttelt, erlebten »Erwekkung«, aber heute (5 oder 25 Jahre später) ziehen wir uns die Decke über die Ohren. Ein kleines Nickerchen natürlich nur, aber daraus wird ein sanfter Schlummer, aus dem Schlummer ein Tiefschlaf wie unter Narkose; der Tiefschlaf aber gleitet über in den Tod. Aufwachen! - Da steht ein Soldat in sibirischer Kälte Wache. Hundemüde ist er, die Glieder werden wie Blei, die Augen wollen ihm zufallen. Aber er weiß: Einschlafen heißt Erfrieren. Da pflanzt er auf sein Gewehr das Bajonett und montiert das ganze zwei Zentimeter unter sein Kinn. Sinkt jetzt der

Kopf herab, versetzt ihm die Stahlspitze einen unsanften Stich.- Aufwachen!

»Nur selig!« haben die Väter gesagt. Das war als Weckruf gemeint, das forderte ganze Konzentration. »Und wenn sie mich verlachen, mir die Karriere verbauen... Eins ist not! Nur selig! Nehmen sie den Leib, Gut, Ehr, Kind und Weib; laß fahren dahin...« »Nur selig! Das war ein gutes Weckmittel, wirkte besser als Bohnenkaffee und Hallo-Wach. Und doch kann dies ›Nur selig‹ als Schlafpulver mißbraucht werden: Nur selig! Selig werde ich doch allein aus Gnaden. Werke sind eher schädlich dazu. Er allein tut's... Ihn, ihn laß tun und walten... Ich will die Augen schließen und glauben blind...« So wird die Gnade zur Beruhigungspille, so beginnt der »Kirchenschlaf«. Dabei schlafen wir nicht nur (wie man sagt) ein Loch in den Tag; wir stehlen dem »lieben Gott« den Tag. - Aufwachen! Gewiß, die Gnade allein! Aber diese Gnade macht lebendig, stellt ans Werk. Wir sind Gottes Mitarbeiter, nicht Gottes »Pennbrüder!«

Wissen Sie, was für Paulus der schrecklichste Gedanke war? Er könnte am Ende *»nur«* selig werden! Alles, was er gearbeitet, zusammengetragen, aufgebaut, an Kraft investiert hatte - sein ganzes Lebenswerk könnte im Feuer des Jüngsten Gerichts verbrennen wie Stroh und Stoppeln. Gewiß, er würde selig werden, herausgerissen aus dem Feuer, den Brandgeruch in Kleidern und Haaren (1.Kor 3,11-15). Selig gewiß, aber eben »nur« selig: Das ganze Leben vertan, keine Frucht für Gottes Reich, nichts Bleibendes, keine Menschen, die Gott dafür danken, daß sie Glaubenshilfe durch uns bekamen. Schreckliches Wort: »Nur selig!« - So wird aus dem Weckruf ein Alibi für Faulpelze und Langschläfer, ein

Pulver für falsche Bescheidenheit, tödliches Opium. Aufwachen! Wirket, solange es Tag ist! Wieviel Lebensjahre uns noch zur Verfügung stehen, Ihnen und mir? »Auf, denn die Nacht wird kommen, da man nicht mehr wirken kann.« Das ist Erweckungsmusik, ist Weckerrasseln für Träge!

Aufwachen - Fanfarenstoß für Tote: Heute dürfen Sie leben! Aufwachen - Weckerrasseln für Träge: Gott sucht Mitarbeiter! Aufwachen - Sirenengeheul für Träumer: Werdet Realisten! »Siehe, ich komme bald«, sagt unser Herr (Offb. 3,11; 22,7).

Fünf Brote und zwei Fische

Text: Markus 6,34-44

Und Jesus stieg aus und sah die große Menge; wie Schafe, die keinen Hirten haben. Und er fing eine lange Predigt an.

Als nun der Tag fast vorüber war, traten seine Jünger zu ihm und sprachen: Es ist öde hier, und der Tag ist fast vorüber;

laß sie gehen, damit sie in die Höfe und Dörfer ringsum gehen und sich Brot kaufen.

Er aber antwortete und sprach zu ihnen: Gebt ihr ihnen zu essen! Und sie sprachen zu ihm: Sollen wir denn hingehen und für zweihundert Silbergroschen Brot kaufen und ihnen zu essen geben?

Er aber sprach zu ihnen: Wieviel Brote habt ihr? Geht hin und seht! Und als sie es erkundet hatten, sprachen sie: Fünf und zwei Fische.

Und er gebot ihnen, daß sie sich alle lagerten, tischweise, auf das grüne Gras.

Und sie setzten sich, in Gruppen zu hundert und zu fünfzig.

Und er nahm die fünf Brote und zwei Fische und sah auf zum Himmel, dankte und brach die Brote und gab sie den Jüngern, damit sie unter ihnen austeilten, und die zwei Fische teilte er unter sie alle.

Und sie aßen alle und wurden satt.

Und sie sammelten die Brocken auf, zwölf Körbe voll, und von den Fischen.

Und die die Brote gegessen hatten, waren fünftausend Mann.

Das Vitaminwunder!

Unter dieser Überschrift berichtet die holländische Evangelistin Corrie ten Boom ein Erlebnis aus ihrer Zeit in einem deutschen KZ: Alle persönliche Habe hat man ihr genommen, gelassen nur den Kulturbeutel und - seltsamerweise – darin ein Fläschchen mit Vitamintropfen. Vitaminmangel im KZ kann tödlich sein. So teilt Corrie ten Boom an jedem Tag all den Frauen, die mit ihr eingepfercht waren – über dreißig manchmal! – eine kleine Ration Vitamintropfen zu. Und nach vier Wochen ist das Fläschchen immer noch nicht leer. »Bitte, gib mir noch etwas aus dem Krüglein der Witwe zu Zarpath«, sagte eine bibelfeste Frau. So geht es sechs bis acht Wochen, und das »Vitaminwunder« endet erst an dem Tage, als jemand ihr – unerlaubterweise – ein Päckchen mit Vitamintabletten zusteckt.

Das ist eine Geschichte von dem Gott, von dem Luther sagt: »Er kann aus Wolken Brot backen.« Und diese *Schöpferkraft* Gottes, die aus wenig viel, aus nichts die ganze Welt macht, gehört mit Jesus Christus zusammen. Davon kann man ihn nicht trennen – nicht ein KZ, nicht bei der Speisung der 5000! Auch heute nicht.

Aber damit haben wir die Mitte unseres Abschnittes noch nicht entdeckt. Diese Geschichte von der wunderbaren Speisung muß der ersten Gemeinde unerhört wichtig gewesen sein. Von allen Evangelisten wird sie erzählt, nicht weniger als sechs Mal erfahren wir davon!

Warum wohl? Wie ein Brennglas die Sonnenstrahlen bündelt, auf einen Punkt konzentriert, so faßt unsere Geschichte zusammen, was das bedeutet: *Gemeinde Jesu Christi mit ihrem Herrn in der Mitte.* Mit einem anderen Bild: Wie das Grundgesetz mit seinen Artikeln die Fundamente unseres Staates beschreibt, so sagt unsere Geschichte aus, was das heißt »Gemeinde Jesu Christi« und was geschieht. Ich möchte Sie einladen mit mir nachzudenken über vier Artikel aus diesem »Grundgesetz«.

1. Artikel: Wo Christen zusammen sind – mit ihrem Herrn in der Mitte, da müssen sie wissen:

Wir sind umgeben von Hungernden

Der Philosoph Ernst Bloch hat herausgearbeitet: Der Grundtrieb des Menschen heißt Hunger. Hunger, ganz weit gefaßt! Hunger nach Brot, nach Freude, nach Sinn, nach der offenen Zukunft. Wenn das richtig ist: Der Mensch ist das hungrige Wesen, dann muß doch auch die Folgerung stimmen: Der Mensch ist das Wesen, dem das Entscheidende fehlt. Der Mensch ist wie ein Vakuum, wie ein leerer Magen, der alles Erdenkliche in sich hineinsaugen, -schlürfen, -fressen möchte, um endlich satt zu werden. »Heute gehört uns Deutschland und morgen die ganze Welt.« Die Macht sollte den Hunger stillen. Aber man wurde nicht satt. – »Hast du was, dann bist du was.« Vielleicht hilft das Kapital gegen den Hunger, investieren, produzieren, konsumieren. Aber man wird nicht satt. - »Weg mit den bürgerlichen Tabus! Eine sexuelle Revolution brauchen wir; dann können wir durchatmen!« Aber man wird nicht satt. - »Geh auf den Hasch-Tripp. Laß das graue Einerlei hinter dir. Steig auf in die Weiten des Bewußtseins, in Welten voller Farbenpracht und Formenharmonie.« Chemische Paradiese bieten sich an. Aber man wird nicht satt. - Mitten in der verzweifelten Gier nach Leben verhungern Menschen, verhungern, weil sie den nicht kennen, der sagt: »Ich bin das Brot des Lebens.« - Da steht Jesus und sieht die Menge an. Eine bunt zusammengewürfelte Schar, Menschen aus Nord und Süd, aus Galiläa und Judäa, Männer, Frauen, Kinder, jung und alt, Proletarier und wohlhabende Bürger. Das würde schon eine soziologische Studie lohnen. Aber Jesus sieht tiefer: »Schafe, die keinen Hirten haben.« Er entdeckt den Hunger, die Qual des Verhungerns - auch bei solchen, die sich selbst satt und zufrieden vorkommen. - Das möchte ich wünschen für die Gemeinde, diese Optik Jesu, diese Augen, die den Hunger entdecken, den offensichtlichen und den ganz verborgenen. Wer Jesus Christus nicht kennt, verhungert. Das mußt du wissen, Gemeinde Jesu Christi: Du bist von Hungernden umgeben.

2. Artikel: Gemeinde Jesu Christi, du hast einen unerhörten Auftrag!

»Gebt *ihr* ihnen zu essen«, sagt Jesus. Dieser Satz hat eine Spitze, und die zielt gegen die Jünger. Da stehen sie, zupfen Jesus am Ärmel und flüstern ihm zu: Meister, du mußt schleunigst ›Amen‹ sagen. Wenn du vom Reich Gottes sprichst, das ist so überwältigend, da vergessen alle sich selbst und die Umwelt, schweben über dem Erdboden. Aber sieh dir die Leute an, sie brauchen schleunigst Verpflegung. Jetzt ist die Magenfrage dran, da bist du doch nicht zuständig. Schick die Leute weg in die Dörfer zum Speisen. Schick sie in die Bäckerläden. Bitte, Herr, sag Amen! So flüstern die Jünger und kommen sich sehr vernünftig vor, sehr realistisch und human. Und Jesus unterbricht tatsächlich seine Predigt, aber nun wendet er sich den Jüngern zu: Was heißt hier: Wegschicken? Ihr seid dran! »Gebt ihr ihnen zu essen!« - Gemeinde Jesu Christi, Hungernde stehen ringsum, und dein Auftrag lautet: »Gebt ihr ihnen zu essen.« Da sind alle gemeint: Die Verhungernden in Äthiopien und Indien, die jungen Menschen, die ihr Leben wegwerfen, weil sie keinen Sinn entdecken, auch die Satten mit dem kleinbürgerlichen Schrumpfglück. »Gebt ihr ihnen zu essen!« - Vor mir liegt das Bekenntnis eines jungen Marxisten: »Unser Leben wird beherrscht von einem gewaltigen Faktor. Wir Kommunisten haben für Konzerte und Genuß die Zeit und das Geld nicht übrig. Wir stellen uns selbst und unsere persönlichen Dinge in den Dienst einer großen Bewegung. Was macht es aus, wenn unser persönliches Leben deshalb leiden muß? Das wird völlig belohnt durch den Gedanken, daß jeder von uns ein wenig mitgearbeitet hat an etwas Neuem, Besserem für die Menschheit. Es gibt nur eine Sache, für die ich sterben will: den Kommunismus. Das ist mein Leben, mein Glaube, mein Hobby, meine Geliebte, mein Meister, mein Essen und Trinken. Ich arbeite daran, während des Tages, ich träume davon während der Nacht. Darum kann ich keine Freundschaft schließen, keine Liebe genießen, kein Gespräch führen, ohne das alles zu verbinden mit dieser Kraft, die mein Leben antreibt...«

Wenn ich dieses Bekenntnis eines jungen Marxisten lese, dann schäme ich mich. Gerade weil ich weiß, daß der Marxismus eine Ideologie ist und die Wahrheit Jesus Christus heißt! Müßte es da bei uns Christen nicht erst recht so sein, daß Jesus Christus alles durchtränkt, daß er das Klima ist, in dem wir atmen, das Milieu, in dem wir leben? »Ich kann keine Freundschaft schließen, keine Liebe genießen, kein Gespräch führen«, ohne daß Jesus mitten drin ist. Er das Thema! - Aber leider lautet unser Thema oft anders. Da schlägt sich Paulus herum mit den Christen in Korinth. Deren Frage heißt: Was darf ein Christ, was ist erlaubt? »Konservative« gibt's da, Ängstliche, Enge - und »Progressive«, »Liberale«, die rufen: Alles ist uns erlaubt! Um den Fleischgenuß stritt man damals, heute geht's um Rockmusik, homöopathische Arznei und Kleidungsfragen. Was darf ein Christ und was nicht? Paulus sagt: Merkt ihr nicht, daß eure ganze Fragestellung falsch ist, unter Niveau, unqualifiziert? Die Frage lautet nicht: Was dürfen Christen mitnehmen, was müssen sie beiseite lassen, sondern: Was dient dem *Auftrag*? Was bringt vorwärts? »Gebt ihr ihnen zu essen«, sagt Jesus. Das wünsche ich mir für uns alle, daß wir so von Jesus Christus und seinem Auftrag sprechen könnten: »Das ist mein Leben, mein Hobby, meine Geliebte, mein Essen und Trinken...«

3. Artikel: Christen sind bettelarme – steinreiche Leute

Da stehen die Jünger. Sie haben gut beobachtet: Sie haben den Hunger der Menschen ringsum entdeckt. Nun bohrt das Wort Jesu in ihren Ohren: »Gebt ihr ihnen zu essen!« Da beginnt ein nervöses Suchen in Rucksäcken und Geldbörsen. Schließlich stehen sie verzagt und betrachten ihre leeren Hände. Fünf Brote und zwei Fische bei 5000 Hungernden. Das ist doch ein schlechter Witz! 5000 Brote, 5000 Fische, 5000 Silberstücke müßten her!

Armut an Mitteln. »Ja, wenn wir die starken Bataillone hätten, wenn uns die große Mehrzahl folgen würde, wenn wir das geniale Organisationstalent besäßen und die überragende Intelligenz...« Tiefer noch als die Armut an Mitteln geht die *Armut an Glauben.* Sie kennen gewiß die Geschichte von dem Jungen, der freudestrahlend sein gutes Zeugnis präsentiert: Mathematik zwar »fünf«, doch Religion »sehr gut«. Bei den Jüngern ist's genau umgekehrt! Rechnen können sie ausgezeichnet, die Kalkulation stimmt genau: Für 5000 Menschen genügt nicht einmal ein Bäckerladen, eine Brotfabrik bräuchte man! Aber den Einen in ihrer Mitte haben sie vergessen. Armut an Glauben! Kennen Sie das auch, daß einer mit einem intellektuellen Problem kommt? Helfen sollen wir ihm, aber wir selbst haben oft mehr Fragen als Antworten. Daß einer uns eine Gebundenheit bekennt und uns wird deutlich: Genau da sitze ich selber fest! Was sollen wir nun tun? Programme aufstellen, Resolutionen verfassen, große Worte machen. Ob da einer satt wird? Müssen wir nicht wie die Jünger unsere leeren Hände vorzeigen und eingestehen: bettelarme Leute sind wir?

Bettelarm sind die Christen - und *»steinreich!«* Reich deshalb, weil sie ihre Armut an der richtigen Adresse abgeben können. Da stehen die Jünger mit ihren armseligen fünf Broten. Plötzlich entdecken sie Jesus. Sie drehen sich um, »be-kehren« sich zu ihm: »Du siehst unsere Kümmerlichkeit, da hast du sie!« Nicht die hungrige Menge sehen sie jetzt, nicht die leeren Hände, sie sehen ihn, den das Matthäusevangelium den »Immanuel« nennt, den »Gott mit uns«, den »Gott für uns«. Dieser Jesus kennt kein Privateigentum, hat nichts, das er für sich festhalten möchte. Hat er Kraft, dann um sie uns zu geben! Hat er Leben, dann um es für uns zu lassen! Hat er Freude, dann um sie uns zu schenken. Jesus Christus - der Gott für uns ! Er schenkt sich selbst. Da werden bettelarme Leute »jesusreich«. Da werden sie selber satt, da bekommen sie genug zum weitergeben.

Ich las den schönen Satz: »Ein Christ ist ein Bettler, der einem anderen Bettler sagen kann, wo es etwas zu essen gibt.« Gibt's demnach einen Unterschied zwischen einem Christen und einem anderen Menschen? Die erste Antwort muß lauten: Keineswegs. Bettler sind wir alle! - Mir fallen die Kriegsjahre ein. Ich hatte einen Onkel, der einen Bauernhof besaß, er war »Selbstversorger«. Ich hatte eine Tante, der ein wenig Land und eine Kuh gehörten, sie war »Teilselbstversorger«. Wir zu Hause besaßen nur die Lebensmittelkarte. So leben Christen völlig von der »Lebensmittelzuteilung« Gottes, nicht Selbstversorger sind sie, Bettler! – Gibt es keinen Unterschied zwischen einem Christen und einem anderen Menschen? Die zweite Antwort muß lauten: O doch! Einen gewaltigen! Ein Christ ist ein Bettler, der satt geworden ist, der weiß, wo er immer wieder einkehren kann. Und nun lädt er andere ein: Komm mit! So wirst du satt! Ich habe einige Jahre in Soest im Predigerseminar gearbeitet. Oft habe ich es beobachtet: zur Mittagszeit saßen »Tippelbrüder«, Nicht-Seßhafte, im Flur und warteten auf ihr warmes Mittagessen. Woher hatten sie die Information? Die »Tippelbrüder« haben ihre eigene Zeichensprache. »Zinken« kratzen sie an Hauswände und Türen. »Vorsicht, Hund!« sagt ein Zeichen. Drei nebeneinander liegende Ringe melden: »Hier bekommt man Geld.« Und ein anderes Zeichen bringt die erfreuliche Nachricht: »Hier bekommt man warmes Mittagessen!« Dies Zeichen war irgendwo eingeritzt in die alte Klostermauer, und so kamen sie zum Mittagessen. Christen sind Menschen, die überall solche »Zinken« anbringen; die Hand nehmen. Bettelarme Leute sind diese Christen und doch »christusreich«.

4. Artikel: Jesus Christus macht aus unbrauchbarem Material Großartiges

Wer etwas werden will, muß sich qualifizieren, muß gute Zeugnisse, erstklassige Referenzen vorweisen können; sonst wird er abgewiesen, durchfallen, ausgemustert, disqualifiziert. In dieser Geschichte stehen hilflose Männer herum, ratlos, unbrauchbar. Menschen mit leeren Händen und traurigen Herzen. Da kommt Jesus und macht Großartiges daraus. Leere Hände haben sie, mehr nicht! Aber Jesus füllt diese Hände, dann laufen diese Männer hin zu den Hungrigen, bringen ihnen, was sie haben. Wieder sind die Hände leer, aber da steht der Eine in der Mitte, der sie neu füllt, und wieder eilen sie fort.

Was braucht's dazu? *Leere Hände!* Nur das! Ein Mathematikprofessor hat nicht mehr, und der Hilfsschüler aus der letzten Bank hat nicht weniger. Leere Hände, kümmerliche fünf Brote und zwei Fische. Aber - Jesus Christus in der Mitte, und die Hungernden ringsum werden satt. Satt werden sie in jeder Beziehung, umfassend, ganzheitlich.

Am Anfang steht: Er hielt ihnen eine lange Predigt, er teilte Gottes Wort aus, Lebensbrot. Aber auch die »Magenfrage« wird gelöst. Nicht vom Brot allein lebt der Mensch, doch eben auch vom Brot. Doch Markus drückt das merkwürdig aus: »Er nahm die Brote... dankte und brach die Brote und gab sie den Jüngern.« Da klingt die Sprache des Abendmahls herein. Beides gibt Jesus hier: »Brot für die Welt« - und Brot zum ewigen Leben. Das gehört zusammen. Daß wir es ja nicht trennen! Alle Verkündigung gilt dem ganzen Menschen, muß leibhaftig sein, ein Ganzes. Zum MBK-Werk, bei dem ich bisher mitarbeitete, gehört eine kleine Mission. Eine Missionarin arbeitet in Tokio unter Prostituierten. Einmal besucht sie ein junges Mädchen in der Tbc-Station eines Krankenhauses. Im Bett daneben liegt eine überzeugte Buddhistin. Eine kleine Buddha-Statue hat sie neben sich gestellt. Alles erhofft sie von ihm. Die Missionarin unterhält sich ein wenig mit all den Patientinnen und schenkt schließlich ein Johannesevangelium. Ein paar Tage später erfährt sie: Die junge Buddhistin liest täglich darin! Wieso? Man hatte der Missionarin in der bakterienverseuchten Stube einen Pfirsich angeboten. Was wird sie tun, die Christin? Sie hatte die Frucht angenommen und sie unbekümmert vor aller Augen verzehrt. Seither liest die Buddhistin im Johannesevangelium. »Diese Christin muß einen kennen, der stärker ist als der Tod«, sagt sie. Eine Geschichte – nicht zum Nachmachen, aber zum Nachdenken. Leibhafte, ganzheitliche Verkündigung! Ich fasse die vier Artikel aus dem »Grundgesetz« zusammen:

(1) Christ, du mußt wissen: Hungrige stehen um dich herum.

(2) Christ, du sollst hören: Du bist dran! Gib ihnen zu essen.

(3) Christ, du darfst tauschen: Gib deine Armut bei Jesus Christus ab, er gibt sich selbst dafür.

(4) Christ, du sollst erfahren: Er will Erstaunliches tun – durch dich.

Tausende stehn da voller Hunger, so beginnt unsere Geschichte. Zwölf stehen da mit leeren Händen und traurigem Gesicht. Am Schluß hat jeder in seiner Hand einen Korb mit Überfluß. Genug ist nicht genug bei Jesus Christus. Es muß *Fülle* sein!

Christenhumor

Der archimedische Punkt

Voller Stolz ruft Archimedes, der Entdecker der Hebelgesetze, seinen verblüfften Zeitgenossen zu: Gebt mir draußen im Weltall einen festen Punkt, auf dem ich stehen kann, und ich will die Welt aus den Angeln heben! Richtig, großer Archimedes, totale Systemveränderung kann nur von außen bewirkt werden. Leider gab man ihm den ersehnten Standort nicht. So blieb alles beim alten...

Das Lachen, das gute, befreiende, Luft schaffende Lachen braucht ebenfalls solch einen »überlegenen« Standort, einen Platz oberhalb, außerhalb, jenseits. Da liegt wohl das Geheimnis des Humors. Witz, Satire, Ironie bleiben »systemimmanent«, sind oft Nahkampfwaffen, eingesetzt aus Verachtung oder Notwehr, wollen vom Leibe halten, Distanz schaffen, stechen, beißen, zersetzen. Der Humor aber steht einerseits ganz mitten drin; er liebt, darum leidet er mit. (Es ist nachdenkenswert, daß der Dichter Wilhelm Raabe den Humoristen Wilhelm Busch rundweg ablehnte: dessen Werk lebe von Menschenverachtung und Schadenfreude!) Andererseits kommt der Humor von draußen herein, aus Überlegenheit und Freiheit. Seltsames Ineinander: von oben kommend, geht er ganz tief mit »unten durch«. Er lacht »trotzdem« und lacht »deswegen«. Wo mag dieser paradoxe Standort zu finden sein, dies Drinnen und Draußen zugleich?

Todernst, doch: Es darf gelacht werden!

Bei einem Wochenende in einem großen Mitarbeiterkreis hatten wir über die ersten Kapitel der Bibel nachgedacht: Der Mensch - Gottes Geschöpf und Gottes Rebell. Da betete jemand bei der abschließenden Abendmahlsfeier: »Eine Sündenfallgeschichte mit humorvollen Zügen, – Gott, wie groß bist Du!«

Der Sündenfall - *todernst* (wenn irgendwo, dann paßt das Wort hier!), und doch steckt in der alten Erzählung ein göttliches Lächeln, ein heimliches Augenzwinkern. Etwa da, wo der Gernegroß Mensch nach vollzogener Emanzipation von Gott nun keineswegs zu dem noch zu erwartenden Rivalenkampf schreitet und dem »Alten« das »Revier Eden« streitig macht (»Platz da, jetzt bin ich dran!«), sondern mit seiner Frau schamvoll hinter Büschen hockt und sich um die ersten, sehr mangelhaften Anfänge der Textilindustrie müht (er »probiert« bekanntlich die berühmten Feigenblätter). – Humorvolle Züge, zweifellos, und dabei steht der Erzähler doch selbst mitten drin in der gefallenen Welt, lebt selbst täglich im Kampf ums Dasein (»Dornen und Disteln – im Schweiße deines Angesichts«), erleidet Furcht, Scham und vergebliche Mühe. Und doch: Er lächelt! Lächelt, weil er den Gott kennt, der dem »Verflucht« (5mal in Kapitel 3-11) das »Gesegnet« (5mal in Kapitel 12) entgegenstellt, es damit überholt, überrundet und besiegt. – So kann Luther jemanden, der über seiner Schuld verzweifelt, zum Lachen über solche »Puppensünden« ermuntern. Dabei weiß der Reformator sehr wohl, daß Sünde nie Bagatelle, stets Todsünde ist. Und dennoch – um Christi willen und hinter seinem breiten

Rücken – »Puppensünden«! Wo Vergebung der Sünden ist, da ist auch Humor.

Todtraurig, doch: Es darf gelacht werden!

Kürzlich stand ich auf dem alten Tübinger Stadtfriedhof vor dem Grab von Professor Adolf Schlatter. Ein schlichtes Steinkreuz, darauf als Botschaft an alle Vorübergehenden das Jesuswort: »Wen da dürstet, der komme zu mir und trinke.« Darunter als Bibelstelle: Joh 8,37. Wer nachschlägt ist verblüfft. Das stimmt doch nicht (7,37 muß es heißen). Aber die Familie hat bewußt die Stellenangabe so in den Stein meißeln lassen, wie der Vater selbst sie notiert hatte. Es war so ungemein charakteristisch für den großen Theologen: Alle Bibelstellen konnte er auswendig, Kapitel und Vers dazu; nur häufig war's falsch. Ein Grab - *todtraurig* (wenn irgendwo das Wort paßt) und doch: Man steht lächelnd an dem Platz. Humor auf einem Grabstein?! Wer kann sich das leisten? Einer, der – selbst Todeskandidat – weiß, daß der Tod besiegt ist, da Christus ihn »ausgesoffen« (Luther) hat, daß alle Gräber auf Erden nur vorläufig sind, seit der Eine sagte: »Ich war tot« (Offb 1,18). Ein Grab, - darin Auflösung und Verwesung. Auf dem Steinkreuz der Name eines sterblichen Menschen, doch darüber ein Jesuswort, - und der kleine Menschenname ist für immer geborgen in dem großen Christusnamen, für immer eingezeichnet in den gekreuzigten Ostersieger. Ist's sehr verwunderlich, daß einst zu jeder Osterpredigt ein Scherz gehörte?

Es kommt auf die Perspektive an!

Albrecht Dürer hat das in einer Radierung meisterhaft erfaßt. Da sitzt der Kirchenvater Hieronymus, der große Gelehrte und Bibelübersetzer, in seiner Studierstube (im »Gehäus«) am Schreibpult. Ihm schräg gegenüber auf der Fensterbank liegt ein Menschenschädel, - Machtzeichen, Statussymbol des Todes. Sooft der fleißig Forschende aufschaut, fällt sein Blick darauf. Ein unübersehbares »Memento mori« (Bedenke: Sterben mußt Du). Doch auf der Ecke des Tisches, genau zwischen den Augen des Alten und dem Totenkopf, steht ein Kruzifix. Nun, »via Christus«, nur durch diesen »Todfresser« (Luther) hindurch, kann der Tod angeschaut werden. Und da ist er »entmythologisiert«, aller Macht entkleidet. Da kann der Greis getrost lächeln. Aber eben: »In Christus« gilt das, ausschließlich in ihm! Weh dem, der den Tod »an sich«, abgesehen von Christus, ansehen, gar meditieren will – die dämonische Faszination des Grabes wird ihn anrühren, bei diesem Gifthauch wird er sich den Tod holen. Weh dem, der die Sünde »an sich« und sich selbst, den Sünder, betrachten will: Verzweiflung wird ihn packen, Schwermut ihn bannen. Weh dem, der den Teufel an sich anzuschauen wagt, gar mit ihm experimentieren möchte (etwa auf dem Gebiet des Okkultismus), er wird mit Grauen entdecken: »auf Erd ist nicht seinsgleichen«. Aber eben dies »an sich«, dies »abgesehen von Christus« ist ganz und gar gottlos, ohne Glaube, ohne Hoffnung, ist Rückfall ins Heidentum, Lästerung der Ehre Christi! In Christus, von ihm von allen Seiten umschlossen, dürfen wir lachen, und bei diesem »Osterlachen« schrumpfen die Finsternismächte zu Spuk und

Schein. Das ist die Melodie des Christenhumors: Voran geht das »Deswegen« (»Unter deinem Schirmen bin ich vor den Stürmen aller Feinde frei«), es folgt das »Trotzdem« (»Trotz dem alten Drachen«).

Kreißsaal – nicht Sterbezimmer

Von diesem Standort außerhalb und oberhalb - und dabei doch mitten drin –, das Ohr schon voll von der Zukunftsmusik aus Gottes neuer Welt, hat Paulus in unsere alte Welt hineingehorcht: Er vernimmt Seufzen, Schmerzensschreie. Sie alle weinen: Christen und Nichtchristen; Menschen, Tiere, Pflanzen - die ganze Kreatur. Aber nun erfaßt er die Tonart: Das ist nicht Todesröcheln, das klingt wie das Stöhnen einer Gebärenden (Röm 8). Nein – um Christi willen – nicht Sterbezimmer ist die Welt, sie ist Kreißsaal, ist unterwegs zur Neugeburt! »Das Ganze ist neu programmiert«, so formulierte ein Ingenieur und Computerfachmann kürzlich die Osterbotschaft. Das ist der paradoxe Platz des Christenhumors: Schon im Morgen beheimatet, durchsteht er das Heute »als die Sterbenden, und siehe, wir leben; als die Traurigen, aber allezeit fröhlich; als die Armen, aber die doch viele reich machen; als die nichts haben, und doch alles haben« (2. Kor 6,9 und 10).

Wie's praktisch zugeht

Da liegt einer schlaflos. Vielleicht in einer depressiven Phase. Vielleicht tief enttäuscht von sich und anderen. Vielleicht in seinem Gewissen geschlagen. Vielleicht ohne Hoffnung in schwerer Krankheit. So tief drinnen ist er, so ganz unten, daß die Wellen über ihm zusammenschlagen, ihn ersticken wollen. Da wird ein Bibelwort in ihm wach, tritt vor ihn hin, lockt ihn zum Nachsprechen, ins Beten hinein. »Du, Herr, bist mein Hirte. Mir mangelt nichts« (so wörtlich). Du bist für mich, bist mir gut. Da erfaßt ihn dies Du, reißt ihn heraus, stellt ihn auf jenen »archimedischen« Punkt, nimmt selbst den Hebel in die Hand, hebt das Alte aus den Angeln. Da kann ich mitten im Zerbrechen das Lächeln lernen:

»Mir mangelt nichts.
Wenn ich nur Dich habe...«

Maranatha

Normal oder toll

Friedrich Nietzsches Übermensch

Habt ihr nicht von jenem tollen Menschen gehört, der am hellen Vormittag eine Laterne anzündete, auf den Markt lief und unaufhörlich schrie: »Ich suche Gott! Ich suche Gott!« – Da dort gerade viele von denen zusammenstanden, welche nicht an Gott glaubten, erregte er ein großes Gelächter. »Ist er denn verlorengegangen?« fragte der eine. »Hat er sich verlaufen wie ein Kind?« der andere. – So schrien und lachten sie durcheinander. Der tolle Mensch sprang mitten unter sie und durchbohrte sie mit seinen Blicken. »Wohin ist Gott?« rief er. »Ich will es euch sagen! Wir haben ihn getötet – ihr und ich! Wir alle sind Mörder! Aber wie haben wir dies gemacht! Wie vermochten wir das Meer auszutrinken? Wer gab uns den Schwamm, um den ganzen Horizont wegzuwischen? Was taten wir, als wir diese Erde von ihrer Sonne losketteten? Wohin bewegt sie sich nun? Wohin bewegen wir uns? Fort von allen Sonnen? Stürzen wir nicht fortwährend? Und rückwärts, seitwärts, vorwärts, nach allen Seiten?

Gott ist tot! Gott bleibt tot! Und wir haben ihn getötet! Das Heiligste und Mächtigste, was die Welt bisher besaß, es ist unter unseren Messern verblutet. Ist nicht die Größe dieser Tat zu groß für uns? Müssen wir nicht selber zu Göttern werden, um nur ihrer würdig zu erscheinen?«

Eine alte Platte

Seltsame Szene! Auf dem Markt stehen sie, die - jeder ist davon überzeugt! – »Normalen«, die »Aufgeklärten«. Stehen selbstgefällig da, voll blasierter Langeweile. Käme einmal jemand (undenkbar fast) auf den Gedanken, sie nach Gott zu fragen, dann würden sie einen Augenblick verwundert dreinschauen, dann den Kopf schütteln und verächtlich auf den Boden spucken. »Der ist doch schon lange tot!« Das sagen sie beiläufig und ohne Interesse – so wie man sagt »Schönes Wetter heute!«

Da tritt der »Tolle« auf, ein Verrückter, dem Irrenhaus entsprungen, - daran zweifeln die »Normalen« keinen Augenblick. Läuft dieser am hellichten Tag mit einer Taschenlampe herum und sucht, sucht – Gott! Der »letzte Gottsucher«, ins Museum mit ihm!

Nun beginnt er zu schreien; ekstatisch, fast unartikuliert bricht es heraus: »Gott ist tot!« Die »Normalen« winken ab: Die Nummer ist uralt. Deswegen diese Aufregung? Der arme Idiot!

Ein Riegel gegen die Angst

Nietzsches Optik ist allerdings genau umgekehrt. Der »Tolle« ist der einzige Sehende, hellsichtig geradezu. Die »Normalen« dagegen sind blinde Narren. Den Satz »Gott ist tot« haben sie konsumiert, wie man eine Zigarette raucht, aber von seiner ungeheuren Bedeutung nichts gemerkt. »Gott ist tot« – das heißt »Umwertung aller Werte«, das ist Erdbeben, Sintflut, Atomexplosion in einem. Nichts steht mehr fest. Hell wird Dunkel,

Nacht wird Tag. Gut wird böse, Verbrechen zu Tugend. Kleines wird groß, Erhabenes zu Dreck. Erregendes Bild: Der Horizont ist weggewischt, es gibt keine Orientierung mehr, keinen Anhalt für Denken und Tun.

»Du sollst nicht töten!« hieß es bisher. Aber nun: Gott ist tot! Das Gebot außer Kurs. Lauft nach Hause! Schließt die Tür hinter euch ab! Schiebt den Riegel vor! Rette sich, wer kann! - Staat und Gesellschaft, Ehe, Familie, persönliche Unantastbarkeit, – das ganze Gebäude menschlichen Miteinanders – es ruht auf dem geheimen Fundament »Gott ist«. Nun zerbricht das Fundament, alles stürzt mit. Was tritt an Gottes Stelle? – Das Nihil, das Chaos, das Vakuum! – Und da stehen diese aufgeklärten Narren, diese Vulgäratheisten auf dem Markt, sagen »Übrigens Gott ist tot« und lassen dabei die Hand in der Hosentasche.

Der Übermensch

»Gott ist tot« – das ist für Nietzsche kein Schicksalsschlag, das ist eine Tat, und Täter ist der Mensch. Nicht gestorben ist Gott, er wurde ermordet. Der Mensch der Neuzeit hat Gott abgeschafft. Das gilt, – wenn auch die Narren auf dem Markt nicht bedacht haben, was sie damit taten und was sie an die vakante Stelle setzen wollen.

»Müssen wir nicht selber zu Göttern werden?«, überlegt der tolle Mann. In der Tat! Wer anders sollte das Vakuum füllen, aus dem Chaos neue Schöpfung rufen, wer anders soll aus dem totalen Nihil heraus das neue absolute Totum (Ganze) schaffen, wenn nicht der

Mensch? Er muß nun alles selber sein - Sonne, Meer und Horizont, - Lebensquelle, Sinn und Maß. »Gott ist tot - es lebe der Mensch«!

Aus dem Schrecken der Götterdämmerung steigt er auf, der Übermensch, der Götter Gott. Jubelnd begrüßt Nietzsche die Stunde:

»Das größte neuere Ereignis - daß »Gott tot« ist, daß der Glaube an den christlichen Gott unglaubwürdig geworden ist - beginnt bereits seine ersten Schatten über Europa zu werfen...

... seine Folgen für uns sind durchaus nicht traurig und verdüsternd, vielmehr wie eine neue, schwer zu beschreibende Art von Licht, Glück, Erleichterung, Erheiterung, Ermutigung, Morgenröte...

Endlich erscheint uns der Horizont wieder frei, endlich dürfen unsere Schiffe wieder auslaufen, jedes Wagnis des Erkennenden ist wieder erlaubt, das Meer, unser Meer liegt wieder offen da, vielleicht gab es noch niemals ein so »offenes Meer ...«

Die blonde Bestie

Das Thema der Weltgeschichte hat sich gewandelt. Der *Mensch* - ganz exklusiv der Mensch - heißt die Überschrift. Aber, so muß nun radikal neu gefragt werden. Wer ist dieser Mensch? Wozu ist er da? Nietzsche sucht Hilfe bei der Naturwissenschaft, bei der damals aufblühenden Biologie, speziell bei Darwins Abstammungslehre. Aus dem biologischen Woher des Menschen wird sein Wozu, wird Sinn und Ziel erschlossen. Der Mensch ist »die blonde Bestie«, das »prachtvoll nach

Beute und Sieg lüstern schweifende Raubtier.« Das Vital-Triebhafte, die physische Kraft ist das Wahre und Einzige.

In der Menschheitsgeschichte entdeckt Nietzsche nun einen entsetzlichen Verrat am Menschen, einen »Sündenfall«, der alles Gesunde pervertierte:

Menschen erfanden Gott, das göttliche Gebot, Sitte und Moral, Ziel dabei war nur: die prachtvolle Bestie Mensch zu kastrieren, zu domestizieren, ihr das Rückgrat zu brechen. Herrschte einst der freiheitlich-wilde »Kampf ums Dasein«, bei dem der Stärkste, alles ringsum zertretend, sich durchsetzte, so predigte das Christentum das Mitleid mit den Schwachen, die Nächstenliebe, verehrte das Kreuz, - das Symbol dekadenter Lebensverneinung. Einst trug die blonde Bestie den Kampf auf freier Wildbahn aus, den Gegner zerfleischend, dann erfand man das Gewissen, verlegte den Aggressionstrieb nach innen und lehrte den Menschen die Selbstzerfleischung. –

Aber nun erschallt es als ekstatischer Jubelschrei: Gott ist tot! Der Käfig gesprengt. Zurück ins verlorene Paradies »jenseits von Gut und Böse«, zurück in die »moralin«-freie Natur! Es lebe »Herrenmensch« und »Herrenmoral«, und aus dem Triumph des Stärkeren wachse in dauernder Zuchtwahl der »Übermensch«. Wörtlich: »Die Schwachen und Mißratenen sollen zugrunde gehen; erster Satz unserer Menschenliebe. Und man soll ihnen noch dazu helfen. - Was ist schändlicher als irgendein Laster? – Das Mitleiden der Tat mit allen Mißratenen und Schwachen – das Christentum!«

... und die Folgen? E. Bloch spricht von der »deutschen Unheilslinie«, auf der Nietzsche einen Knotenpunkt bildet. Die Folgen heißen nämlich »arische Herrenrasse«, »Vernichtung lebensunwerten Lebens«, »Endlösung der Judenfrage«, heißen Dachau und Auschwitz.

Vom Übermenschen zum Untermenschen

Da melden sich Fragen: Ist Nietzsches »Übermensch« nicht in Wahrheit der »Untermensch«, ist sein Humanismus nicht finsterste Inhumanität? Aber man muß weiterfragen: Was heißt Humanität, was ist ihr Kriterium? Etwa Frieden und Brüderlichkeit, Gleichheit und Gerechtigkeit für alle, Recht auf Leben auch für Unterprivilegierte, Gewissensfreiheit...?

Nietzsche würde antworten: Eben das ist feige »Sklavenmoral«.

Humanität ist das Recht des Menschen, Bestie zu sein, ist das Recht des Stärkeren, ist nach dem Exempel des Renaissancephilosophen Machiavelli das Führerprinzip, die Herrschaft des »aristokratischen« Diktators. - Welche Position ist richtig?

Mensch von Gott

Eine entscheidende Erkenntnis kann, nein, muß man bei Nietzsche lernen: Was der Mensch ist, was Humanität bedeutet, das versteht sich nicht von selbst! Das ist nicht ohne weiteres am Menschen selbst (etwa mit Hilfe von Biologie, Psychologie, Soziologie) abzulesen. Dazu bedarf es eines letzten Bezugspunktes außerhalb. Nach der Bibel ist der totgesagte, doch lebendige Gott diese perspektivische Mitte: Der Mensch ist das Wesen von Gott her und auf Gott zu. Mensch ist der Mensch letztlich nur in der Gottesbeziehung - wie der Fisch nur Fisch ist in seinem Lebenselement, dem Wasser. Humanität ist unwahr und unwirklich ohne Gott, und die Autonomie des Menschen ist seine Theonomie. Gott ist die »Norm«, und einzig an ihm bemißt sich, wer »toll« ist und wer »normal«.

Die Brücke zum »Goldenen Tor«

Desgleichen hilft auch der Geist unserer Schwachheit auf. Denn wir wissen nicht, was wir beten sollen, wie sich's gebührt; sondern der Geist selbst vertritt uns mit unaussprechlichem Seufzen.

Der aber die Herzen erforscht, der weiß, worauf der Sinn des Geistes gerichtet ist; denn er vertritt die Heiligen, wie es Gott gefällt.

Wir wissen aber, daß denen, die Gott lieben, alle Dinge zum Besten dienen, denen, die nach seinem Ratschluß berufen sind.

Denn die er ausersehen hat, die hat er auch vorherbestimmt, daß sie gleich sein sollten dem Bild seines Sohnes, damit dieser der Erstgeborene sei unter vielen Brüdern.

Die er aber vorherbestimmt hat, die hat er auch berufen; die er aber berufen hat, die hat er auch gerecht gemacht; die er aber gerecht gemacht hat, die hat er auch verherrlicht (Röm 8,26-30).

Wer einmal in Venedig war, wird sie nicht vergessen, die unheimliche Brücke aus dem 17. Jahrhundert. Sie verbindet den prächtigen Dogenpalast, Sitz der Regierung und Justiz, mit dem berüchtigten Staatsgefängnis. »Seufzerbrücke« hat sie der Volksmund genannt - im Gedenken an das angstvolle Stöhnen und entsetzte Aufschreien der Verurteilten. Mancher Tourist wird die Brücke lange betrachtet haben: Gleichen unsere Lebensjahre, gleicht nicht auch der Gang der Welt dem Marsch über eine Seufzerbrücke - Verwirrung im Kopf, Verzweiflung im Herzen, den Tod vor Augen?

Seufzen – voll Hoffnung

Im Zusammenhang mit der oben angegebenen Textstelle spricht der Apostel Paulus dreimal vom Seufzen: Die ganze *Natur* - Pflanze und Tier- seufzt unter dem Druck der Vergänglichkeit. Seit uns die Zerstörung der Umwelt, das Sterben von Wäldern und Flüssen, die Ausrottung ganzer Tierarten bewußt wurde, sind wir dafür sensibler geworden.

Auch die *Christen*, fährt Paulus fort, seufzen unter den Leiden dieser Zeit. Ja, Gott selbst, der *Heilige Geist*, stimmt ein mit »unaussprechlichem Seufzen«.

Also - das ganze Universum und Gott dazu unterwegs auf der Seufzerbrücke? Sicherlich werden sich viele in diesem Bild wiederfinden: Alte, die sich als Wohlstandsmüll, als Wegwerfartikel empfinden. Junge, die »no future« an Betonwände sprühen, aggressiv zu Drogen flüchten. Seufzerbrücken-Atmosphäre, Angst als Grundstimmung unseres Jahrzehnts. Trauer als alles bestimmende Großwetterlage.

Aber der Apostel hat schärfere Ohren: Für ihn hat das allumfassende Seufzen einen besonderen Klang. Es steht nicht in einer dunklen Moll-Tonart, sondern klingt hinüber in helles »Dur«. Paulus vernimmt nicht einfach ein dumpfes Stöhnen oder einen formlosen Schrei, er hört eine Melodie heraus. Die ganze Schöpfung seufzt und *liegt in Wehen*, sagt er.

In einem Krankenhaus gibt es Seufzen, und Stöhnen ganz gewiß im Sterbezimmer; aber auch auf der Entbindungsstation, im Kreißsaal. Die Wehen, die eine werdende Mutter erleidet, sind unendlich qualvoll. Sie scheinen, den Leib zerreißen zu wollen und doch sind sie durchzogen, umfangen von Hoffnung, von Vorfreude auf das neue Leben, das zur Welt kommt. Schmerz, der Sinn, Ziel, Hoffnung in sich trägt, Seufzen, zur Freude unterwegs? Wie kann der Apostel so etwas aus dem Weltschmerz heraushören?

Weil Jesus Christus auferstanden ist! Weil der Tod besiegt wurde! Weil der wiederkommende Herr nicht der Kaputt-, sondern der Neumacher ist! Darum und nur darum gleicht die Welt nicht dem Sterbezimmer, sondern der Entbindungsstation. Um Jesu Christi willen ist die ganze Schöpfung - wie eine schwangere Frau - »guter Hoffnung«.

Beten – voll Zuversicht

Und doch, das Seufzen bleibt. Bei den Christen dringt es vor bis in den innersten Kern ihrer Existenz, bis in ihren persönlichen Umgang mit Gott, bis hinein ins *Gebet.* »Abba lieber Vater!« dürfen wir Christen rufen. Das ist der Geburtsschrei des neuen Menschen. Wir wissen uns geadelt zu Kindern Gottes, zu Bürgern der neuen Welt.

Aber auch Christen schnürt der Schmerz oft die Kehle zu. Auch ihnen steigt die Angst ins Herz. »Ich war so schwach, meine Gedanken verwirrten sich, nicht einmal das Vaterunser bracht ich zusammen«, so berichtet jemand im Rückblick auf eine schwere Krankheit. - »Damals war ich so verbittert, so voller Protest und Verzweiflung; mein Beten war eher ein Fluchen, mein ganzes Wesen nur noch ein namenloser Schrei«, so bekennt eine junge Frau, die plötzlich ihren Mann verlor. - »Alle meine Gebete kamen bloß bis zur Zimmerdecke. Gott schien sternenweit, ganz unerreichbar und furchtbar stumm«, so beschreibt ein Teenager eine depressive Phase. Christen in tiefster Glaubenskrise unterwegs auf der Seufzerbrücke?

»Wir wissen nicht, was wir beten sollen«, sagt der Apostel. Dabei denkt er sicher auch an solche extremen Lebensabschnitte, an solche »Grenzsituationen«. Aber er bohrt tiefer, er sagt es ganz grundsätzlich, ganz allgemein und höchst provozierend: Wir Christen können nicht recht beten. Wir wissen nicht, was wir beten sollen, wie es sich - vor Gott - gebührt. Wir ahnen ja die großen Pläne und Ziele Gottes nicht. Wir haben keine Vorstellung von seiner gewaltigen Strategie. Darum beten wir kleinkariert, ichbezogen, dumm. Wir haben keine Übersicht, kennen nicht die Vogel-, sondern nur die Froschperspektive und bitten darum oft am dringlichsten gerade um das, was uns und der Sache Gottes am meisten schaden würde. Dabei meinen wir es sicher gut und machen doch so vieles verkehrt.

In der Tat: Wir wissen nicht, was wirklich dran ist im Gebet. Wir durchschauen uns selbst nicht, geschweige denn die Probleme der Welt. Was käme wohl dabei heraus, wenn wir Gott informieren und motivieren müßten. Nicht auszudenken, wenn Gott auf unsere Situationsanalysen angewiesen wäre und auf unsere Lösungsvorschläge.

Aber dürfen, sollen wir denn nicht beten? Will Gott unser Gebet nicht dabei haben, will er es nicht einbauen in sein großes Reich-Gottes-Unternehmen? Ganz bestimmt! Wir würden den Apostel völlig mißverstehen, wenn wir meinten, er wolle uns das Beten madig machen.

Im Gegenteil, er will unser Beten gerade entkrampfen, uns falsche Lasten abnehmen, uns Zuversicht geben. Nicht als Gebetsvirtuosen, als »Könner«, gerade als Stümper und Bettler, als die »geistlich Armen« sind wir Gott recht.

Der Heilige Geist kommt - ich denke an das Bild von der Taube - nimmt unsere ungeschickten Gebete auf seine Flügel und trägt sie zu Gott empor. Er sorgt dafür, daß sie wirklich bei Gott »ankommen«. Was für ein Wunder: Gottes Geist nimmt Wohnung in uns. Er begibt sich auf unsere Ebene, er kriecht in unsere Haut, er steigt ein in unser Seufzen und Stammeln. Paulus sagt: »Er vertritt uns mit unaussprechlichem Seufzen.«

Das Seufzen ist nicht von Hause aus sein Ton. Er ist ein Geist der Freude, des Jubelns. Aber er wird unser Anwalt. Unser Seufzen macht er zu dem seinen, er übersetzt unsere Gebete in Gottes Sprache. Er vertritt mich als mein Mund bei Gott. Das darf ich nun wissen in hellen und in dunklen Tagen. Ich darf es glauben zu Zeiten der Depression und für meine Todesstunde. Gott hört zu und erhört ganz gewiß. Nun darf ich beten voller Zuversicht, darf vor ihn bringen, was mir einfällt und wie es mir kommt. Er wird es richtig verstehen, er sortiert es - natürlich werden wir uns da auch auf »verkehrte Erhörungen« gefaßt machen müssen, darauf, daß Gott unsere Gebete anders erhört. Er gibt sie uns korrigiert, und das heißt verbessert, zurück. Martin Luther sagt: »Es ist kein schlimmes, sondern das allerbeste Zeichen, wenn auf unsere Bitten scheinbar das Gegenteil eintrifft. So wie es kein gutes Zeichen ist, wenn unseren Bitten alles nach Wunsch widerfährt.« Nun kann ich beten, denn Er, Gottes Geist, betet in mir. Das gibt Zuversicht.

Vertrauen ist allerdings nötig, Vertrauen zum Vater, der immer das Beste mit uns im Sinn hat, Vertrauen darauf, daß Gottes Wege - ob sie uns gefallen oder nicht - die einzig richtigen, die bestmöglichen sind. Gott hat seinen Sohn zu uns auf die »Seufzerbrücke« geschickt, von der Herrlichkeit in den Tod; er hat seinen Geist einstimmen lassen in unsere Klagen. Wie könnte ich ihm da mißtrauen?

Wenn uns jemand zehn Millionen Mark schenkt, wie könnte er da wegen zehn Pfennigen geizig sein? Wenn Gott seinen Sohn für uns gab, wie könnte dann noch etwas anderes als Liebe in ihm wohnen. Etwa ein Schuß Sadismus, Begier, uns zu quälen, Lust, mit uns zu experimentieren? Undenkbar! Paulus proklamiert den Paragraphen eins im Grundgesetz des Vertrauens: Denen, die Gott lieben, müssen alle Dinge zum Besten dienen.

Zum *Besten*! Alles muß uns also vorwärtshelfen – auch Enttäuschung und Leid. Alles bekommt um Gottes willen die Schubkraft auf Gottes Ziel zu, hin zu unserem ewigen Heil.

Dienen muß alles! Nein, nicht wir müssen der Krankheit dienen, dem Krebs, der den Leib zerfrißt; die Krankheit muß uns dienen - im Namen Gottes. Nicht wir sind Sklaven des Todes, ihm unterworfen; der Tod muß uns am Ende »befördern« – heraus aus dem Seufzen in den ewigen Jubel. Nicht wir müssen den kleinen Frustrationen des Alltags folgen und dabei launisch und ungenießbar werden; die Nadelstiche des Alltags müssen uns zum Siegen ermutigen. Martin Luther hat genau an diesem Punkt die Freiheit eines Christenmenschen aufgerichtet: Weil wir dem König Jesus Christus gehören, sind wir zum Regieren gerufen. Wenn wir das im Vertrauen schaffen könnten, dann könnten wir auf der Seufzerbrücke mutig vorwärtsschreiten! Der Kurs ist klar, das Ziel gewiß.

Unterwegs sein – voll Gewißheit

Wäre nicht statt der »Seufzerbrücke« von Venedig, die »Golden Gate Bridge« von San Francisco der passende Name: »Brücke zum Goldenen Tor«!? Von dieser »Brücke zum Goldenen Tor« sagt Paulus zu uns Wesentliches. Er beschreibt die Architektur der Brücke, nennt ihre Verankerung, ihre tragenden Pfeiler, zeigt, wie solide die Statik berechnet wurde. Zunächst nennt er uns das Fundament an dem einen Ufer: Die Brücke entspringt in Gottes Ewigkeit! »Gott hat uns ausersehen, er hat uns *zuvor erkannt*«. Gottes Geschichte mit uns hat längst vor unserer Geburt begonnen, eine Ewigkeit zuvor.

Paul Gerhardt sagt staunend: »Eh ich durch deine Hand gemacht, da hast du schon bei dir bedacht, wie du mein wolltest werden.« In Gottes Gedanken kommen wir schon lange vor. Vor aller Geschichte hat er uns angeschaut und geliebt. So weit ist es her mit uns. Auch die zweite Verankerung ist in Gottes Ewigkeit einzementiert: »Gott hat uns vorherbestimmt.« Wozu denn? Zu Brüdern seines Sohnes, also zu seinen Adoptivkindern. Das steht als ewige Bestimmung über unseren Tagen. So viel hat Gott mit uns vor. Ewig weit ist's mit uns her!

Die dritte Verankerung trägt nun die Biografie unseres Lebens, das wir bewußt führen, als Menschen in Raum und Zeit. Gott hat uns *»berufen«*, *gerufen*. Er tat es durch sein Wort. Er rief uns schon bei unserer Taufe: »Du bist mein!« Er rief uns seitdem immer wieder. Heute ruft er uns neu, ganz persönlich bei unserem Eigennamen: Ich habe dich lieb. Komm, folge mir! Wer ja sagt, hat damit die ewige Bestimmung seines Lebens gefunden.

Der nächste Pfeiler greift unendlich tief in den Sumpf dieser Welt: Gott hat uns *»gerecht gemacht«*: Um Jesu willen hat er unsere Schuld gestrichen, alles Trennende weggeräumt; nun sind wir ihm recht. Dann blickt Paulus voraus bis zum anderen Ufer: Gott hat uns *»verherrlicht«*, *herrlich gemacht*. Er hat uns Anteil am ewigen Leben gegeben, hat uns ans Ziel gebracht. Wieso »hat«? Wir sind doch noch unterwegs, manchmal im Nebel, immer wieder voller Angst. Der Ausgang erscheint uns oft höchst zweifelhaft. Aber Paulus ist gewiß: Gottes Brücke ist kein unvollendetes Werk. Sie bricht nicht in der Mitte ab, wie die berühmte Brücke von Avignon. Was der ewige Architekt plant, das bringt er auch zu Stand und Wesen. Gott sieht seine Leute schon vom Ziel her an.

Golden Gate Bridge, Brücke zum Goldenen Tor: Aus der Ewigkeit kommt sie, in die Ewigkeit schwingt sie hinüber, und die Mitte, da wo wir unterwegs sind, die Mitte stürzt niemals ein. So ist die Seufzerbrücke in Wahrheit Brücke der fröhlichen Gewißheit, der Heilsgewißheit und Freude.

Wenn es schon von der Brücke zu Avignon, die doch ins Leere geht, heißt: »Sur le pont d'Avignon, on y dance, on y dance«, »Auf der Brücke von Avignon, da tanzt man«, sollte es dann nicht erst recht von uns Christen heißen: Auf der Brücke der Treue Gottes, auf der »Seufzerbrücke zum Goldenen Tor«, da beginnt der Jubel, da bricht das Lob Gottes an - und wenn es unter Tränen wäre.

Einer tat's!

»Denn dazu ist Christus gestorben und wieder lebendig geworden, daß er über Tote und Lebende Herr sei«. (Röm 14,9)

ich sterbe nicht
ich werde gestorben
auch du stirbst nicht
du wirst gestorben
das tatwort
sterben
belügt uns
wir tun es nicht
nur einer tats

Kurt Marti

In diesen Zeilen werden »ich« und »du«, wir Menschen alle, die Großen und die Kleinen, auf einen Hauptnenner gebracht: *Wir sterben nicht, wir werden gestorben.* Wir wählen nicht den Tod (auch beim »Freitod« nicht), wir sind ihm verfallen. Wir vollziehen ihn nicht als große Tat (auch beim »Heldentod« nicht), wir erleiden ihn. Nein, Herr X hat uns nicht »verlassen«, Frau Y ist nicht »von uns gegangen« (auch wenn das auf Todesanzeigen ständig wiederholt wird). Weggerissen wurden sie, wurden gestorben. Autoritär ist der Tod. Er fragt niemand.

Sterben - das wird über uns verfügt, das wird an uns

vollzogen, ist Müssen - jenseits von Wollen und Wünschen. – Dieser Masse all derer, die »gestorben werden«, diesem verlorenen Haufen, wird betont einer entgegengestellt, »nur einer«, der Eine, der »Einundeinzigste« (wie ein Dichter sagt). Sonderbar: nicht darin ist er einzigartig, daß er am Sterben »vorbeikam«, sondern eben darin, daß er unser Menschsein und mit ihm das Sterben wählte, beschloß, vollzog. Weder seine Geburt, noch sein Sterben war Schicksal, das ihn überkam. Beides hat er bewußt ergriffen. Bei ihm wird Passiv zum Aktiv, Passion zur Aktion. Leiden zur Tat!

Er war tot!

und ist lebendig geworden

»...lebendig geworden«. Die griechische Zeitform läßt keinen Zweifel daran: Hier ist ein einmaliges Geschehen gemeint, ein in sich abgeschlossenes, datierbares Ereignis. Es geht keinesfalls um ein Überleben und Weiterwirken in Gedanken, Entwürfen, Träumen, eben nicht um die »Unsterblichkeit« Goethes oder Mozarts. Dieser »lebendig Gewordene« sagt höchst verblüffend: »Ich *war* tot« (Offb 1,18). Das »war« läßt uns stolpern. Von lieben Menschen klagen wir: Sie *sind* tot; Gegenwartsform, Präsens. Und dieses »sind« klingt wie: was nun gilt, das wird wohl unwiderruflich so bleiben. Von uns selbst müssen wir eingestehen: Wir *werden* einmal tot sein: Zukunft, Futur. Und dieses werden erscheint noch sicherer als das Amen in der Kirche, »tod-sicher« nämlich.

Nun aber ruft dieser Eine: Ich *war* tot, durch den

Tod, da bin ich hindurch; den Tod, den habe ich hinter mir! Tod - Gegenwart für die einen, Zukunft für die anderen; für mich ist er Vergangenheit, erledigt, passè - tot! Er *war* tot! Ist dieses »war« wahr, dann muß es der Ausbruch sein, der das Gefängnis sprengt, nicht weniger als des »Todes Tod«.

Dazu!

um Herr zu sein...

Im griechischen Text beginnt unser Vers mit einem Fanfarenstoß: »Dazu!« Zu dem einen Zweck ist Christus gestorben und lebendig geworden... Eine eindeutige, alles andere ausschließende Zielangabe steht am Anfang. »Dazu!« Wenn bei Jesu Sterben wie Auferstehen Tat waren, dann muß das Wozu genannt werden. Nach dem Wozu ist zu fragen. Was soll's? Was bringt's? Kyrios, Herr, wollte er werden über Tote und Lebendige - und er wurde es. Sein Sterben und Auferstehen ist Herrschaftsantritt. Kein Tyrann kommt da zur Herrschaft, sondern der, dessen Herr-lichkeit darin besteht, daß er Todeskandidaten zum Leben führt. Kein Usurpator, kein Thronräuber kommt da an die Macht, einer, der an sich reißt, was ihm nicht gehört, sondern der Schöpfer macht sich auf, Verirrte und Verlorene, in Folterkammern und KZs Geschundene nach Hause zu holen. »Über Tote und Lebende Herr«. Wer Herr über die Toten ist (die bei diesem Herrn gewiß nicht Tote bleiben können!) wer dem Tod den Giftzahn ausbrach (1.Kor 15,55), sollen dem sich nicht alle Türen öffnen? Dazu! Für Tote und Lebendige, für alle Menschen, für uns. Jesu Karfreitag und Ostern sind keine »privaten« Erlebnisse, nur ihm gehörend, nur für ihn gültig. Der Eine, der all sein Privateigentum (Phil 2,6+7) ausschüttete, teilt mit uns, teilt uns sein Sterben und Auferstehen, ja sich selber mit. Er teilt unsere Existenz (die des »von - bis«, die des Strichs zwischen zwei Zahlen), um uns in seine Herrschaft, seine Herr-lichkeit zu rücken. »Gott-für-uns« ist sein Name.

Er macht alles neu!

Tote und Lebende...

Kyrios ist er nun, Herr. Und weil das gilt, bekommt nun alles sein Maß, sein Ziel von ihm her. Alles definiert er neu. Was Leben und was Tod bedeutet, das versteht sich nun nicht mehr von selbst oder irgendwoher (z.B. biologisch: Leben ist, wo Tod noch nicht ist. Tod ist, wo Leben nicht mehr ist). »Wer den Sohn hat, der hat das Leben; wer den Sohn Gottes nicht hat, der hat das Leben nicht« (1. Joh 5,12).

Verbindung mit diesem Herrn zu haben, das heißt Leben – von ihm abgeschnitten zu sein, das heißt Tod. Menschen voll blühender Gesundheit und höchster Aktivität – sie können Tote sein. Und Tote, deren Leiber längst verwesten – sie leben durch ihn. Beunruhigende Definition: Tote mitten im Leben, Lebende mitten im Tod! Aufscheuchende Fragen: Ich, ich Lebender, lebe ich wirklich? Überraschende Perspektiven: »daß wir aus dem Tod in das Leben gekommen sind...« (1. Joh 3,14). Dabei haben wir immer gemeint, das Gefälle der Einbahnstraße müsse lauten: Vom Leben in den Tod. Doch der Herr über Tote und Lebendige läßt mich andersherum fragen: Bin ich *noch* tot oder *schon* lebendig? Vom Tod ins Leben, so definiert dieser Herr neu.

»Tod« heißt demnach das Land, in dem wir Menschen immer schon wohnen, die Existenzweise, in der wir uns von Geburt her befinden. Leben ist dann der neue Raum, in den wir hineingesetzt werden. Wir werden in dieses Leben buchstäblich »ver-rückt«, werden »umgetopft«, erfahren eine Transplantation. Wer den Sohn Gottes hat, wer in seiner Herr-schaft wohnt, lebt!

Ob biologisch lebendig (noch auf dem Bindestrich sich befindend) oder biologisch tot (schon jenseits des zweiten Eckdatums unseres Lebens) – was tut's, was macht das schon aus: Wir sind des Herrn! Unterwegs auf den Tag zu, an dem er alles neu macht. Da wird die alte Schöpfung, die Welt voller Tränen, voller Leid, Geschrei und Schmerz aufgehoben (»und der Tod wird nicht mehr sein.« Offb 21,4) und zugleich vollendet, ans Ziel gebracht. Dann hat der Herr über Tote und Lebendige nicht nur alles neu definiert, sondern alles wahrhaft neu gemacht.

Wir sterben dem Herrn

Wirft der Autoscheinwerfer sein Licht voraus, so wird es von »Rückstrahlern« an Begrenzungspfählen, von »Katzenaugen« an Fahrzeugen und Warnschildern reflektiert. Es strahlt zurück und ermöglicht so dem Fahrer das richtige, für das auf ihn Zukommende angemessene Verhalten. Christenleben ist konzentrierte, zielorientierte Existenz: Wir wachen und schlafen, arbeiten und feiern, genießen und verzichten, erwerben und verschenken, und dies alles »dem Herrn«, auf ihn hin, zu seiner Ehre. Wir leben dem Herrn.

Aber Paulus fährt fort: »Sterben wir, so sterben wir dem Herrn.« Weil er starb, ist das »Tatwort sterben« nicht mehr Lüge und Illusion. Auch unser Sterben bekommt nun Rang und Würde vor Gott, darf Hingabe heißen, Opfer, Gottesdienst.

Ich hörte von einer alten Dame, die im Krankenbett sehr energisch darauf bestand, einen Gesangbuchvers für sich umzudichten. Hieß das Original: »...der ist zum *Sterben* fertig, der sich *lebend* zu dir hält«, so betonte sie mit Nachdruck: »... der ist zum *Leben* fertig, der sich *sterbend* zu dir hält.« Dem Herrn zu leben und zu sterben, der deshalb starb und lebendig wurde, um über Tote und Lebende Herr zu sein, das kann in der Tat unserem ganzen Existieren das lohnende Thema geben: *»Zum Leben fertig«.*

Adventsfreude

Es ist Advent

Maranatha! Unser Herr, komm! Möchten wir das wirklich? Warten wir darauf? In unserer Familie kam das Gespräch auf Gottes neue Welt. Unser Fünfjähriger hatte gerade eine elektrische Eisenbahn erhalten und spielte ganz selig damit. Er schnappte das Wort auf: »Neue Welt?« Und dann instinktiv abwehrend: »Aber es soll alles bleiben wie es ist!« Ich denke, der Kleine hat mit seinem Widerstand (»Störe meine Kreise nicht!«) mehr von der großen Weltwende verstanden als mancher, für den die Wiederkunft Jesu, Totenauferstehung, Jüngstes Gericht, neuer Himmel/neue Erde ganz selbstverständliche Dinge sind. Natürlich gehören diese »letzten Dinge« ins Glaubensbekenntnis - nur eben als allerletzte, ganz hinten - ob das reicht?

Maranatha! Unser Herr, komm! beteten die ersten Christen. »Dein Reich komme!«, so bitten wir heute. Wissen wir, was wir da tun? Wenn Er kommt, wenn Gottes Reich hereinbricht, dann ist es jedenfalls aus mit unseren Reichen, Machtblöcken, Gesellschaftssystemen, Interessenverbänden. Reich Gottes ist mehr als jede Revolution. Auch die sind dann am Ende, als reaktionär entlarvt. Die Botschaft von Jesu Wiederkunft enthält Dynamit, sprengt in die Luft, was uns vertraut und selbstverständlich ist. Auch unsere alltäglichen Redewendungen halten das nicht aus: »Tod-sicher« sagen wir. Lächerlich! So sicher ist das letzte Wort des Todes nicht;

der Tod ist ein ganz unsicherer Kantonist geworden, nicht einmal auf den Tod ist mehr Verlaß. Wir sagen auch: Wir sind total frustriert. Wieso? Das große Auferstehungskapitel des Paulus (1.Kor 15) schließt doch damit: Eure Arbeit ist nicht vergeblich (=frustra) in dem Herrn! Christen können also frustrationsresistent werden! Allerdings, das Futur (das, was wir Menschen machen oder was als Schicksal auf uns zukommt) fasziniert und schreckt uns zugleich. Wie lange noch? Entscheidend ist doch sein Advent: Er kommt uns entgegen. Siehe, ich mache alles neu! sagt Jesus. Dann ist doch unsere Welt für alt erklärt, für irreparabel, so daß nur radikale Verwandlung hilft. Unvergessen ist der Ruf Gustav Heinemanns: »Eure Herren gehen, unser Herr kommt!«

Maranatha! Möchten wir das wirklich? Bereiten wir uns darauf vor - wie auf eine Prüfung, wie auf ein Fest? Drei Stichworte zum Nachdenken:

Advents-Furcht

Heidenangst und Kindesfurcht

Die Väter kannten *drei Arten von Furcht:* Furcht, wie es ein *Sklave* empfand. »Der Herr kommt!« heißt der Entsetzensschrei, mit dem er flüchtet. Er hat schon das Klatschen der Peitsche im Ohr, spürt schon den brennenden Schmerz. Wer so den kommenden Gott fürchtet, hat Heidenangst. Das ist die Furcht derer, die in ihm einen unberechenbaren, launischen Dämon sehen oder seine Strafe fürchten müssen: Die Endabrechnung, der niemand entgeht. Gegen diese Heidenangst (wir von uns aus hätten in der Tat Grund genug dazu!) läuft die Bibel Sturm: Jesus hat unsere wohlverdiente Aburteilung zu seiner gemacht. Darum – etwa 360 mal steht es im Alten und Neuen Testament – »fürchtet euch nicht!«

Furcht – wie sich ein *Kind* fürchtet. »Die Mutti könnte gehen, mich allein lassen.« Ängstlich klammert sich der Kleine im Gedränge des Supermarktes an Muttis Rock. »Nur mich nicht verlieren, nur nicht im Gewühl untergehen.« Auch diese Furcht, die schon eine Ahnung hat von Liebe und Geborgenheit, bleibt noch im Egoismus stecken. Ich möchte nicht verloren gehen, will von Gott behütet, beschützt werden. Nur ihn nicht beleidigen, er könnte sonst... Hier setzte Freuds Religionskritik ein: Gott als Vaterfigur für Unmündige.

Furcht – wie sich ein *Liebender* fürchtet. Paßt das denn zusammen? Auch die Bibel sagt doch: »Furcht ist nicht in der Liebe« (1. Joh 4,18). Gewiß, Gottes Liebe verscheucht alle Heidenangst. Und doch gibt es eine Furcht, die ausschließlich der Liebende kennt, eine Furcht, die nur in der Liebe ist. Das ist nicht Furcht vor dem anderen, sondern Furcht vor mir, daß ich den anderen enttäuschen, verletzen, vernachlässigen könnte (das ist mir schon zuzutrauen!). Diese Furcht zeigt, daß die Liebe lebendig ist, daß der Liebende noch viel mehr lieben möchte und betrübt seine Grenze entdeckt. »Bei Dir ist die Vergebung, daß man dich fürchte« (Ps 130,4). Das ist Adventsfurcht! Und sie ist ganz praktisch: »Herr, hilf mir, an diesem Tag ganz nahe bei Dir zu bleiben, zu entdecken, was Du von mir möchtest, wen Du mir in den Weg schickst!«

Advents-Freude

Adventsfreude contra Schadenfreude

Genauso lassen sich die *drei Gestalten der Freude* unterscheiden: Der *Sklave* freut sich hämisch, daß diesmal nicht er selbst, sondern ein anderer die Peitsche zu spüren bekommt. »Geschieht ihm ganz recht.« Solche Sklavenfreude ist dämonisch. Luther nannte den Teufel den alten Schadenfroh. Das wäre ganz schlimm, wenn einer Gottes Kommen erwarten wollte als die große Abrechnung mit dem anderen. »Hitler, Stalin und Herr X sind dann endlich dran: Wie schön!« Wie entsetzlich! Wo bleibe ich an jenem Gerichtstag?

Ein *Kind* freut sich auf die Belohnung. Es hat brav eingekauft, aufs Geschwisterchen aufgepaßt. Die Tafel Schokolade ist redlich verdient. Auch hier ist der Egoismus im Spiel, vielleicht war er das einzige Motiv fürs Handeln? Vom Lohn spricht die Bibel allerdings ganz unbefangen, aber nie von einem, den wir verdient hätten, den wir uns ausrechnen könnten. Gottes Lohn bleibt Geschenk, das uns völlig überrascht (Mt 25,37-40). Wiederkunft Jesu, Jüngstes Gericht zum Zwecke meiner Belohnung und der Bestrafung anderer - das wäre wirklich ein gefundenes Fressen für alle atheistische Ideologiekritik - und mit Recht!

Der *Liebende* freut sich über die Freude, das Glück des Geliebten. Er betrachtet nicht sich selbst im Spiegel des anderen, reflektiert nicht auf Echo, Lob, Dank. Er schaut ganz selbstvergessen dem Du ins strahlende Gesicht. Diese Freude, die wegläuft vom Ich zum Du, füllt die ersten Bitten des Vaterunsers: »Dein Name..., Dein

Reich..., Dein Wille....« Das ist die Vorfreude der Christen, daß dann ihr Herr endgültig als der Herr anerkannt wird, daß (so sagt Paulus) »Gott sein wird alles in alles« (aus dem Griechischen übersetzt nach 1.Kor 15,28). Das ist Adventsfreude.

Advents-Liebe

Maranatha – ich hab dich lieb!

Maranatha! Wer das richtig bittet, der fürchtet sich dabei, wie der Liebende sich fürchtet (den anderen zu betrüben), der freut sich, wie der Liebende sich freut (den anderen groß zu sehen). In der Liebe treffen sich Adventsfurcht und Adventsfreude.

»Simon, Sohn des Johannes, hast du mich lieb?« fragte der auferweckte Jesus den Petrus. *»Hast Du mich lieb?«* So wird die Frage des Weltenrichters Jesus am Jüngsten Tag lauten - die Frage an einen jeden von uns. Nicht: Was hast Du alles von mir gewußt, über mich gegrübelt, gezweifelt, geredet? Auch nicht: Was hast Du alles voller Engagement für mich in Gang gebracht? Auch nicht: Was hast Du im Großen und Kleinen an Falschem getan, an Gutem versäumt? All das ist aufgehoben in die Frage hinein: Hast Du mich lieb? Das ist die Adventsfrage.

Lieben, – wie mache ich das? Von Friedrich Wilhelm I., dem Soldatenkönig, erzählt eine Anekdote: Zwei Untertanen, die Seine Majestät von ferne kommen sahen, flüchteten ängstlich vor ihm. Der König holte sie ein und verprügelte sie mit seinem Knotenstock. Nicht fürchten, lieben sollt Ihr mich!, war der Kommentar bei jedem

Hieb. Kann man Liebe einbleuen? Sicher nicht! Aber wachsen kann sie. *Adventsfurcht* und *Adventsfreude*, die von der *Adventsliebe* leben, entfalten sich, wenn wir täglich mit Jesus Kontakt haben. Er verändert, verwandelt jeden, der täglich sein Wort hört, mit ihm redet, nach seinem Willen fragt. Da wird einer sich selbst unwichtig, da lernt er bitten: *Maranatha!* Und dabei weiß ich: Heute schon kann bei mir nicht alles bleiben wie es ist. Das braucht es auch nicht. Denn Jesus kommt - und ist nicht der große Kaputtmacher, sondern der große Neumacher. (Blumhardt).

Leseprobe aus »Erfreuliche Nachricht – traurige Hörer« von Hans-Joachim Eckstein

---

Die Liebe der Beschenkten

Wenn wir nicht länger von der Angst bestimmt sind, sondern im Geist der Liebe und der Ehrfurcht leben, und wenn wir unser neues Verhältnis zu Gott nicht als die beklemmende Abhängigkeit eines Sklaven, sondern als die Freiheit der Töchter und Söhne Gottes erfahren (Röm 8,14 bis 17.21; Gal 4,4–7), dann hat diese Veränderung für unsere gesamte Sicht vom Leben und für unser ganzes Handeln weitreichende Folgen.

Da wir nicht nur den Beginn unseres Glaubens – und damit unsere Kindschaft – als Gottes Geschenk verstehen, sondern unser ganzes damit eröffnetes Leben, ist jedes an Zwang und Leistungsdenken orientierte Verhalten von vornherein als unangemessen abzulehnen. Wir werden ja nicht von Gott mit der Kindschaft beschenkt, damit wir uns nun unsererseits durch Taten und Leistungen Verdienste zu erwerben suchen. Das wäre noch die Haltung eines *Sklaven*, der durch sein vorbildliches Verhalten um die Gunst seines Herrn wirbt, weil er sich als »Belohnung« für seine Überleistungen die Entlassung in die Freiheit erhofft.

Als die *Kinder* Gottes sind wir dagegen durch das, was wir in Christus *sind*, schon »Freie« und »Erben« – und nicht erst aufgrund dessen, was wir tun und erreichen. Wir leben nicht nur vorbehaltlich, um erst etwas zu werden, sondern wir *leben* – im umfassenden Sinne –, weil wir in Christus schon geliebt und angenommen sind. Als Töchter und Söhne Gottes handeln wir – wenn wir uns unserem neuen Stande gemäß verhalten – nicht *damit*, sondern *weil*.

So ist die Haltung der *Dankbarkeit* die angemessenste Grundlage für alles, was wir »für Gott« und »um seinetwillen« tun. Denn bei der aufrichtigen Dankbarkeit wollen wir durch die Äußerung unseres Dankes unterstreichen, daß wir etwas ganz bewußt als Geschenk angenommen und als den Ausdruck einer bedingungslosen – weil »geschenkweisen« – Zueignung verstanden haben. Indem wir, die Beschenkten, unsere Freude zeigen, bestätigen wir dem Geber, daß seine Absicht erreicht und sein Geschenk in jeder Hinsicht »angekommen« ist.

Daneben gibt es in unseren zwischenmenschlichen Beziehungen freilich auch Formen der »Dankbarkeit«, die für unser Verhältnis zu Gott keinesfalls als Vorbild dienen sollten. Nicht selten wird der Dank von uns nur als formale Pflicht verstanden, oder wir bedanken uns so unverhältnismäßig und übertrieben »höflich«, daß es schon wieder mehr um unsere Selbstdarstellung als um die Bestätigung unseres Gegenübers geht.

Völlig verkannt wird die eigentliche Bedeutung des Dankes, wenn wir versuchen, durch unsere Reaktion den Vorgang des Schenkens »wiedergutzumachen«, wenn wir durch Gegenleistungen und Gegengeschenk den Preis für das »Geschenk« nachträglich selbst bezahlen wollen. Während wir bei unserem ehrlichen Dank den Geschenkcharakter der Gabe gerade anerkennen und hervorheben, ist es die Funktion des uneigentlichen und verfälschten Dankes, den Vorgang des Schenkens durch den Ausgleich abzuschwächen oder sogar aufzuheben. Diese falsche Dankbarkeit ist nicht etwa ein Ausdruck echter Liebe, sondern entspringt dem schlechten Gewissen, dem Pflichtgefühl oder dem Stolz.

In solchen Fällen können wir das Geschenk des anderen natürlich nicht mehr als angenehm und beglückend empfinden, sondern allein als Verpflichtung und Last. Die Unwahrhaftigkeit und Unklarheit in diesem Wechselspiel des vorgetäuschten Schenkens läßt uns sogar die offene Forderung nach »Leistung« und »Bezahlung« geradezu als Erleichterung empfinden.

Entsprechend kann man auch den Geschenkcharakter der Vergebung und Versöhnung mißverstehen, indem man darin ein Geschenk sieht, das wir als Menschen zwar nicht bezahlen können – das aber, gerade weil wir es eigentlich »gar nicht verdient haben«, nur um so mehr »verpflichtet«. Die Erinnerung an das Kreuzgeschehen Christi löst dann bei uns nicht etwa die

Freude und Liebe der Beschenkten aus, sondern das beklemmende Gefühl des Unvermögens und das dumpfe Bewußtsein, daß wir unserer »Pflicht« bisher nicht hinreichend nachgekommen sind: »Das alles hat Christus für uns getan! Was tun wir für Christus?«

Christus ist aber nicht für uns gestorben, damit wir nun im Bewußtsein unserer Schuldigkeit für ihn – als einen Toten – leben, sondern er ist für uns gekreuzigt und auferstanden, damit er als der Lebendige durch uns und mit uns lebt und uns somit fortwährend beschenkt. So wollen und sollen wir in Dankbarkeit auch unsererseits für Christus leben und ihn lieben, aber wir haben nicht die Aufgabe, an seiner Stelle und in seiner Abwesenheit das von uns aus zu tun, was nur in seinem Geiste und mit ihm getan werden kann.

Die Kraft für die Liebe, die uns als Glaubende auszeichnen sollte, können wir nicht aus unserem Pflichtgefühl und unserem schlechten Gewissen beziehen, sondern allein aus Gottes Geist der Liebe (Röm 5,5; Gal 5,22). Auf diese Weise gründet auch die Liebe der von Gott Beschenkten wiederum im Geschenk der Liebe.

hänssler

Klaus Vollmer

Der springende Punkt

Tb., 192 S., Nr. 70.632, ISBN 3-7751-1604-4

Geradezu fantastisch, welche Vorstellungen manche Menschen von Gott haben. Kein Wunder, daß daraus ein falsches Bild der Welt und des Menschen erwächst. Vollmer macht deutlich: Gott ist anders und er sagt uns wie. Das ist der springende Punkt!

Konrad Eißler

Wie lieb ist der liebe Gott?

Tb., 128 S., Nr. 70.484, ISBN 3-7751-1170-0

Ein folgenschwerer Irrtum – die Vorstellung eines »lieben Opa-Gottes«, der in seinem fernen Himmel milde lächelnd auf die Menschheit herabblickt. Angesichts von Gewalt, Not und Ungerechtigkeit ist es nur naheliegend, einen solchen Gott auf die Anklagebank zu setzen. Der Autor bemüht sich um eine Korrektur dieses verschrobenen Bildes und bezeichnet unsere Lage ohne Jesus als »todernst«.

Bitte fragen Sie in Ihrer Buchhandlung nach diesen Büchern! Oder schreiben Sie an den Hänssler-Verlag, Postfach 1220, D-73762 Neuhausen-Stuttgart.